politiques locales

Les collectivités locales sont devenues des acteurs essentiels dans la société contemporaine. Leur activité s'étend aujourd'hui à de multiples secteurs de la vie collective et dans des domaines aussi divers que l'aménagement du territoire, la lutte contre l'exclusion, l'enseignement, les transports, la culture, etc.

Aussi, apparaît-il indispensable de renforcer la connaissance de chacun sur les institutions locales et leurs différents champs d'activité.

Tel est l'objectif poursuivi par la collection **Politiques locales** qui entend donner sur tous ces sujets une information claire et concise.

Marie-Christine Bernard-Gélabert

L'intercommunalité

6e édition

DEXIA

L.G.D.J

31, rue Falguière, 75741 Paris Cedex 15
ISBN : 978-2-275-03146-0

SOMMAIRE

INTRODUCTION GÉNÉRALE

PRÉAMBULE

Le Journal Officiel des 12 et 13 juillet 1999 a promulgué **la loi relative au renforcement et à la simplification de la coopération intercommunale** (dite « loi Chevènement »).

Remettant en chantier la décentralisation initiée par G. Defferre en 1982 en rajoutant le pan relatif à l'intercommunalité qui lui faisant défaut, **la loi d'orientation du 6 février 1992 relative à l'administration territoriale de la République** (dite « loi Joxe ») avait étoffé le paysage intercommunal en distinguant une spécificité urbaine (pour laquelle était créée la communauté de villes) et une spécificité rurale (pour laquelle était créée la communauté de communes).

Force a été de reconnaître que dans la réalité, cette division a été mise à mal. En effet, seulement cinq communautés de villes ont été créées, laissant en friche une intercommunalité urbaine qui ne s'est pas développée de manière satisfaisante. Mais de plus, les communautés de communes, destinées à l'origine à structurer le monde rural, avec, à leur disposition pour répondre à cet objectif, l'utilisation de la taxe professionnelle de zone, se sont développées de façon non négligeable en milieu urbain. Enfin, la taxe professionnelle unique, outil fiscal conçu comme propre à l'urbain, s'est abondamment développée dans le rural pour des raisons répondant parfois plus à de l'opportunité qu'à un véritable besoin fiscal. En effet, les modalités de calcul propres à la dotation globale de fonctionnement (DGF) rendaient mécaniquement et globalement plus attractives les attributions de DGF à des groupements ruraux à faibles potentialités fiscales choisissant la taxe professionnelle unique plutôt que la fiscalité propre additionnelle.

La loi de 1999 reprend à son compte les principes de 1992 selon lesquels le développement de l'urbain nécessite l'existence de groupements à compétences fortement intégrées et dotés de la taxe professionnelle unique alors que le milieu rural peut à loisir utiliser des instruments plus souples. Elle propose ainsi un schéma simplifié de l'intercommunalité, axé sur l'existence de trois catégories principales de groupements (les communautés urbaines, les communautés d'agglomération et les communautés de communes), mais nettement plus hiérarchisé en fonction de la densité démographique du territoire. Voués à disparaître, les districts et les communautés de villes ont pu organiser leur évolution dans un délai fixé par la loi jusqu'au 1er janvier 2002[1].

De manière générale, la loi facilite la création des établissements publics de coopération intercommunale (EPCI), notamment par l'introduction de délais aux différents stades de la création et par un pouvoir d'initiative élargi donné aux préfets.

Par ailleurs, sur le strict plan du droit, cette loi clarifie considérablement les règles, en instituant, dans le code général des collectivités territoriales (CGCT), un corpus juridique commun à l'ensemble des établissements publics de coopération intercommunale, avant de décliner les spécificités propres à chacun d'entre eux, spécificités au demeurant limitées à quelques éléments essentiels.

Ainsi, sans modifier la substance même du droit relatif à l'intercommunalité, la loi réaménage considérablement les concepts opératoires au service de cette intercommunalité. À ce titre, elle commandait donc une totale refonte de la première édition de cet ouvrage[2], parue en 1996.

Le succès de l'intercommunalité issu de la loi du 12 juillet 1999 qui a dessiné un paysage intercommunal nettement et clairement hiérarchisé sur le plan démographique et fiscal joint aux améliorations juridiques apportées depuis 1999, notamment la loi du 27 février 2002 relative à la démocratie de proximité, ont déjà nécessité de nouvelles mises à jour de l'ouvrage.

Mais, la relance de la décentralisation, avec **la loi du 13 août 2004 relative aux libertés et responsabilités locales**, initiée par J.-P. Raffarin, a, à son tour, apporté des éléments nouveaux et importants à l'édifice intercommunal, notamment en instituant la procédure de fusion d'EPCI.

Elle a, en premier lieu et de façon symbolique[3], autorisé un établissement public de coopération intercommunale à demander des délégations des compétences à la région ou au département. Ainsi,

1. Les catégories des districts et des communautés de villes ne sont plus abordées dans cet ouvrage. Se reporter, le cas échéant, à l'édition précédente et à la première édition de l'ouvrage.
2. Pour une étude historique récente du droit de l'intercommunalité, il est nécessaire de se référer à cette édition de 1996.
3. L'Association des Communautés de France, déçue par les dispositions relatives à l'intercommunalité de la loi de décentralisation, demande déjà un acte III de l'intercommunalité, qui généraliserait le fait intercommunal (communiqué du 28 juillet 2004).

lorsqu'il y est expressément autorisé par ses statuts, un établissement public de coopération intercommunale à fiscalité propre peut demander à exercer, au nom et pour le compte du département ou de la région, tout ou partie des compétences dévolues à l'une ou l'autre de ces collectivités[4]. Le président du conseil régional ou du conseil général est alors tenu d'inscrire à l'ordre du jour de l'assemblée délibérante, dans un délai de six mois, l'examen d'une telle demande. L'assemblée devant se prononcer par délibération motivée. Le cas échéant, l'exercice par l'EPCI d'une telle compétence fait l'objet d'une convention conclue entre l'établissement et le département ou la région, qui détermine l'étendue de la délégation, sa durée ainsi que ses conditions financières et ses modalités d'exécution.

Par ailleurs, la loi a notamment institué un important chaînon manquant à l'intercommunalité, la procédure de fusion d'établissements publics de coopération intercommunale. Dans un contexte de restructuration territoriale des périmètres intercommunaux plus que de création, ce volet était particulièrement indispensable.

LE FAIT COMMUNAL

L'organisation qui structure le territoire français d'aujourd'hui remonte à la Révolution française. En effet, le débat sur l'organisation territoriale est l'un des tous premiers débats engagé et discuté en urgence par les Constituants de 1789.

Si la Constituante a légiféré de préférence sur des bases conceptuelles, créant ainsi le département à partir d'une construction intellectuelle qui respecta toutefois la géographie, elle resta en revanche extrêmement pragmatique et liée à l'existant pour les communes.

La création du département est en premier lieu précédée de l'annulation des différents niveaux de circonscriptions, particulièrement enchevêtrés les uns par rapport aux autres : gouvernements (circonscriptions militaires), provinces et généralités (circonscriptions administratives), bailliages (circonscriptions judiciaires) et diocèses (circonscriptions ecclésiastiques). Thouret, partisan d'un découpage du territoire en « divisions [...] égales entre elles autant qu'il sera possible » affronte Mirabeau, plus soucieux de la géographie et de la tradition des anciennes limites. La position de Mirabeau eut raison de l'abstraction platonicienne et la France fut découpée en 83 départements rattachés et inclus aux provinces. Le nom de département (du latin *partire* – partager) exprimait la neutralité de la nouvelle division qui voulait ostensiblement entretenir le moins de liens possibles avec le passé.

---

4. Nouvel article L 5210-4 du CGCT.

À l'inverse de ce processus de création, les Constituants organisèrent les communes à partir de l'exacte réalité de ce qui structurait alors le territoire. Les communes ne furent pas à proprement parler une création de la loi, elles furent nommées par la loi et dotées d'une organisation et d'un statut juridique uniforme.

Les communes de 1789 furent directement issues des plus petites structures d'alors, les paroisses, subdivisions ecclésiastiques. L'organisation territoriale, que respectèrent les Constituants et qui remontait au Moyen Âge, prit sa source au VIIIe siècle sous les carolingiens. Au XIIe et au XIIIe siècles, les communes se constituèrent comme des associations d'habitants qui pouvaient aller jusqu'à distraire à leur profit les droits et pouvoirs du seigneur. Les villes, sous la direction des intendants, s'équipèrent d'infrastructures et se modernisèrent en assurant plus de confort et de sécurité à leurs habitants. Les communautés villageoises rurales étaient organisées dans un cadre paroissial où le curé était maître des affaires religieuses comme des affaires civiles.

C'est donc cet héritage qui s'organise peu à peu, même si le vocabulaire législatif hésite parfois entre municipalités, bourgs, villes ou autres communautés de campagne.

La Constitution du 3 septembre 1791 (titre II, article 8) synthétise le fait communal en une expression qui a peu vieilli : « Les citoyens français considérés sous le rapport des relations locales qui naissent de leurs réunions dans les villes et dans certains arrondissements du territoire des campagnes, forment les Communes ».

La suite de son histoire a toujours conforté la commune comme une association de base, union d'habitants liés par des intérêts communs, et elle a de ce fait survécu à toutes les tourmentes centralisatrices et à toutes les velléités de fusion. Bonaparte conserva environ 38 000 communes, il y en a aujourd'hui près de 36 600, issues presque à l'identique des 44 000 paroisses du Moyen Âge.

Face à ce nombre de communes, il est de tradition de rappeler la spécificité française en la matière. En effet, la multiplicité du nombre de communes, qualifiée souvent « d'émiettement communal », fait que la France, du temps de l'Europe des onze, possédait à elle seule à peu près autant de communes que les autres pays réunis.

L'INTERCOMMUNALITÉ

Le contexte de l'intercommunalité

Cette spécificité engendre très logiquement un autre débat, sans doute presque aussi vieux que la République, celui du groupement des communes ou de l'intercommunalité pour le désigner sous un vocable plus moderne.

L'intercommunalité répond depuis très longtemps à un besoin nécessaire et évident de travail en commun, de création de services, d'équipements et d'infrastructures en commun.

Son impérieuse nécessité est à la fois reliée au grand nombre de communes à faible population en milieu rural et à l'émergence de la notion d'agglomération en milieu urbain. En effet, en métropole, environ 32 000 communes comptent moins de 2 000 habitants (ce qui en rassemble près de 89 % pour un peu plus du quart de la population), environ 25 000 communes comptent moins de 700 habitants (ce qui en rassemble près de 71 % pour 13,5 % de la population). En ce qui concerne le milieu urbain, à l'inverse, seulement 103 communes ont plus de 50 000 habitants, 36 communes plus de 100 000, 5 communes[5] plus de 300 000 et seules Paris (2 147 857 habitants) et Marseille (807 071 habitants) en ont plus de 800 000.

Ces chiffres montrent à l'évidence la nécessité absolue qui s'est très tôt imposée aux communes et qui les a conduit à se regrouper, soit avant tout sur des missions de gestion très ponctuelles : ramassage des ordures ménagères, assainissement, transports..., soit de plus en plus sur des missions plus à long terme de développement économique et d'aménagement du territoire.

La première organisation juridique intercommunale, qui succédait à des « ententes » et « conférences » entre communes, fut le syndicat de communes, créé par la loi du 22 mars 1890 et intégré à la loi municipale du 5 avril 1884. La structure syndicale, fondée sur la règle de l'unanimité des conseils municipaux participants, demeura la formule exclusive de travail en commun jusqu'en 1959.

En 1959, date charnière pour l'intercommunalité, l'unanimité de création fut abandonnée au profit de la majorité qualifiée, règle intangible depuis lors (cf. *infra*) et furent créés le syndicat à vocation multiple[6] et le district[7], urbain dans un premier temps puis rural aussi à partir de 1970.

La loi du 31 décembre 1966 tenta de structurer l'urbain par une intercommunalité fortement intégratrice, en créant de manière autoritaire les quatre premières communautés urbaines (Lille, Lyon, Strasbourg et Bordeaux). Celles-ci, au nombre de douze au moment de la parution de la loi de 1999, n'eurent pas le succès escompté.

La loi du 13 juillet 1983 structura les villes nouvelles, créées en 1970 pour organiser le territoire frontière des trois plus grandes agglomérations, Paris, Lyon et Marseille, en permettant l'institution de neuf syndicats d'agglomération nouvelle (SAN).

---

5. Nice, Toulouse, Lyon, Marseille et Paris.
6. Ordonnance 59-29 du 5 janvier 1959.
7. Ordonnance 59-30 du 5 janvier 1959.

C'est à partir de 1992 que l'intercommunalité a changé de perspectives en s'introduisant dans le débat politique et économique comme la meilleure, voire la seule solution, d'organisation territoriale. Les communautés de communes et les communautés de villes ont été ainsi créées pour répondre à des objectifs nettement définis « de développement économique et d'aménagement du territoire ». La loi de 1999, qui améliore et complète celle de 1992, s'inscrit dans cette perspective.

L'intercommunalité s'est donc orientée résolument vers le développement économique sans toutefois changer de nature ; elle est destinée, inévitablement, à pallier les difficultés liées à l'émiettement du tissu communal.

Cependant, et quelle que soit la nécessité de regroupement, à vocation technique ou économique, l'intercommunalité possède également la spécificité en France de maintenir la commune comme un centre et une base incontournable. Un passé récent a montré l'échec de la tentative de fusion[8] et l'intercommunalité se démarque et se pose aujourd'hui sans le moindre rapport avec la fusion. La fusion entraîne la disparition de la commune, l'EPCI permet à la commune de déléguer des compétences.

L'intercommunalité s'affirme donc aujourd'hui forte de la permanence de la commune et se pose de plus en plus en terme de cohérence du développement d'un territoire, d'efficacité de gestion et de meilleure solidarité financière. En effet, les contraintes techniques, nationales ou européennes et les simples économies d'échelles qui résultent de l'extension d'un périmètre, excluent de plus en plus l'action isolée d'une commune ; cela est particulièrement flagrant dans les domaines des ordures ménagères et de l'assainissement, confrontés de plus aux normes techniques européennes.

En 1999, lors de la discussion du projet de loi, le ministre de l'Intérieur, J.-P. Chevènement, résume la démarche de sa loi comme la synthèse du développement territorial et de l'organisation communale. « La loi relative au renforcement et à la simplification de la coopération intercommunale marque une étape importante dans l'évolution de notre organisation institutionnelle. Elle constitue, en effet, un progrès significatif dans l'adaptation aux enjeux économiques et sociaux des collectivités locales, leur offrant de nouveaux cadres de coopération, afin de leur permettre de répondre aux défis auxquels sont aujourd'hui confrontées les communes, cellules de base des institutions de la République[9] ».

---

8. Loi n° 71-588 du 16 juillet 1971 sur les fusions et regroupements de communes, dite « loi Marcellin », créant la fusion-association.

9. Circulaire n° NOR INT B 99 00162 C du 13 juillet 1999 adressée par le ministre de l'Intérieur aux préfets.

La loi du 25 juin 1999 d'orientation pour l'aménagement et le développement durable du territoire, dite « loi Voynet », débattue et promulguée en parallèle à la loi sur l'intercommunalité, ne légifère pas sur les EPCI mais conforte cependant l'intercommunalité dans son rôle d'organisation du territoire. En effet, la loi précise que ce sont les communes ou leurs groupements qui sont susceptibles de reconnaître un pays[10] à partir d'un « territoire présentant une cohésion géographique, culturelle, économique ou sociale[11] » ou d'élaborer un projet d'agglomération (cf. le chapitre relatif aux communautés d'agglomération). De même est-il précisé que le pays doit « respecter » le périmètre des EPCI à fiscalité propre.

Cette loi accorde par ailleurs une grande importance aux EPCI à fiscalité propre dotés des compétences d'aménagement de l'espace et de développement économique, puisque ce sont ces EPCI qui devront élaborer et adopter, avec les communes, une charte de pays, destinée à exprimer le projet commun de développement durable du territoire.

Dans un contexte similaire, **la loi du 13 décembre 2000 relative à la solidarité et au renouvellement urbains, dite « loi SRU » ou « loi Gayssot »** a réaménagé les instruments des politiques urbaines d'urbanisme et d'habitat à l'échelle des agglomérations en consacrant le rôle majeur des intercommunalités.

L'intercommunalité en chiffres

Jusqu'à la loi relative au renforcement et à la simplification de la coopération intercommunale de 1999, près de 20 000 structures intercommunales se répartissaient entre syndicats à vocation unique (SIVU), syndicats à vocation multiple (SIVOM), syndicats mixtes, districts, communautés urbaines, syndicats d'agglomération nouvelle, communautés de communes ou communautés de villes. Depuis l'année 2000, les statistiques sur le nombre de structures intercommunales sont en mutation dès lors que la catégorie des districts et des communautés de villes ont progressivement disparu (il n'y a plus de communauté de villes à partir du 1er janvier 2001 et plus de district à partir du 1er janvier 2002) et que celle des communautés d'agglomération a été instituée.

---

10. Cf. *Guide méthodologique pour la mise en œuvre des pays* publié par le ministère de l'Aménagement du territoire et de l'Environnement et la DATAR, février 2001, (site http.etd.asso.fr).

11. Loi n° 99-533 du 25 juin 1999 (JO du 29 juin 1999) d'orientation pour l'aménagement et le développement durable du territoire et portant modification de la loi n° 95-115 du 4 février 1995 d'orientation pour l'aménagement et le développement du territoire (dite « loi Pasqua »).

Panorama de l'intercommunalité à fiscalité propre

	1999		2000		2001		2002	
	Sans TPU	Avec TPU	Sans TPU	Avec TPU	Sans TPU	Avec TPU	Sans TPU	Avec TPU
Communautés urbaines								
Nombre de groupements	12		10	2	7	7	4	10
Nombre de communes	309		272	39	215	133	87	266
Population regroupée	4 638 381		4 335 957	302 791	3 015 602	3 015 602	1 519 872	4 681 930
Total CU								
Nombre de groupements	12		12		14		14	
Nombre de communes	309		311		348		353	
Population regroupée	4 638 381		4 638 748		6 193 427		6 201 802	
Communautés d'agglomération								
Nombre de groupements			50		90		120	
Nombre de communes			756		1 435		1 996	
Population regroupée			5 992 185		11 486 020		15 923 574	
	Sans TPU	Avec TPU	Sans TPU	Avec TPU	Sans TPU	Avec TPU	Sans TPU	Avec TPU
Communautés de communes								
Nombre de groupements	1 256	93	1 300	232	1 315	402	1 425	607
Nombre de communes	14 337	863	15 210	2 288	15 779	4 084	17 621	6 833
Population regroupée	15 265 400	2 784 341	13 792 547	5 393 139	12 869 056	5 520 734	13 857 700	8 404 658
Total CC								
Nombre de groupements	**1 349**		**1 532**		**1 717**		**2 032**	
Nombre de communes	**15 200**		**17 498**		**19 863**		**24 454**	
Population regroupée	**18 049 741**		**19 185 686**		**18 389 790**		**22 262 358**	
	Sans TPU	Avec TPU	Sans TPU	Avec TPU	Sans TPU	Avec TPU	Sans TPU	Avec TPU
Districts								
Nombre de groupements	303	2	233	9	167	4	0*	0*
Nombre de communes	3 448	45	2 593	96	1 765	27	0	0
Population regroupée	9 898 063	372 999	5 802 123	671 906	3 589 665	43 345	0	0
Communautés de villes	5 87 356 580		1 34 57 686		0* 0 0			
SAN	9 51 715 025		9 51 715		8 47 634 536		8 47 648 641	
	Sans TPU	Avec TPU	Sans TPU	Avec TPU	Sans TPU	Avec TPU	Sans TPU	Avec TPU
TOTAL								
Nombre de groupements	1 571	109	1 543	303	1 489	511	1 429	745
Nombre de communes	18 094	1 046	18 075	3 264	17 759	5 726	17 708	9 142
Population regroupée	29 801 844	4 228 945	23 930 627	13 132 732	19 636 546	20 700 237	15 377 572	29 658 840
TOTAL GÉNÉRAL								
Nombre de groupements	**1 680**		**1 846**		**2 000**		**2 174**	
Nombre de communes	**19 140**		**21 339**		**23 485**		**26 850**	
Population regroupée	**34 030 789**		**37 063 359**		**40 336 783**		**45 036 412**	

* La loi du 12 juillet 1999 supprime les districts et les CV à compter du 1er janvier 2002.

à compter du 1er janvier 1999[1]

	2003		2004		2005		2006	
	Sans TPU	Avec TPU	Sans TPU	Avec TPU	Sans TPU	Avec TPU	Sans TPU	Avec TPU
Communautés urbaines								
Nombre de groupements	3	11	3	11	3	11	3	11
Nombre de communes	32	322	33	322	33	322	33	323
Population regroupée	333 269	5 869 774	338 555	5 870 605	338 754	5 872 185	339 098	5 880 590
Total CU								
Nombre de groupements	14		14		14		14	
Nombre de communes	354		355		355		356	
Population regroupée	6 203 043		6 209 160		6 210 939		6 219 688	
Communautés d'agglomération								
Nombre de groupements	143		155		162		164	
Nombre de communes	2 441		2 632		2 753		2 788	
Population regroupée	18 250 461		19 712 134		20 397 780		20 679 874	
	Sans TPU	Avec TPU	Sans TPU	Avec TPU	Sans TPU	Avec TPU	Sans TPU	Avec TPU
Communautés de communes								
Nombre de groupements	1 423	772	1 430	856	1 418	924	1 499	890
Nombre de communes	17 764	9 143	18 029	10 374	17 871	11 295	17 750	11 985
Population regroupée	13 127 591	10 570 529	12 655 227	11 824 215	12 294 667	12 839 086	12 122 467	13 955 688
Total CC								
Nombre de groupements	**2 195**		**2 286**		**2 342**		**2 389**	
Nombre de communes	**26 907**		**28 403**		**29 166**		**29 735**	
Population regroupée	**23 698 120**		**24 479 442**		**25 133 753**		**26 078 155**	
	Sans TPU	Avec TPU	Sans TPU	Avec TPU	Sans TPU	Avec TPU	Sans TPU	Avec TPU
Districts								
Nombre de groupements								
Nombre de communes								
Population regroupée								
Communautés de villes								
SAN	8		6		6		6	
	52		34		34		34	
	673 678		346 460		352 573		357 216	
	Sans TPU	Avec TPU	Sans TPU	Avec TPU	Sans TPU	Avec TPU	Sans TPU	Avec TPU
TOTAL								
Nombre de groupements	1 426	934	1 433	1 028	1 421	1 103	1 412	1 161
Nombre de communes	17 796	11 958	18 062	13 362	17 904	14 404	17 783	15 130
Population regroupée	13 460 860	35 364 442	12 993 782	37 753 414	12 633 421	39 461 624	12 461 565	40 873 368
TOTAL GÉNÉRAL								
Nombre de groupements	**2 360**		**2 461**		**2 524**		**2 573**	
Nombre de communes	**29 754**		**31 424**		**32 308**		**32 913**	
Population regroupée	**48 825 302**		**50 747 196**		**52 095 045**		**53 334 933**	

1. Le détail de l'année 2007 n'est pas encore connu. Néanmoins il y a 14 communautés urbaines, 169 communautés d'agglomération (+ 5), 2 400 communautés de communes (+ 12) et 5 syndicats d'agglomération nouvelle (– 1).

Sources : DGCL.

Cette constatation, jointe à une conception de l'intercommunalité fondée sur une double hiérarchie démographique et fiscale (cf. *infra*) modifie l'aspect même des tableaux statistiques, qui doivent être désormais établis à la fois sur la nature juridique et sur le régime fiscal de l'EPCI[12].

Une analyse statistique des compétences exercées par les EPCI montre que celles-ci sont très larges. En effet, hormis les pouvoirs spécifiques du maire (cf. *infra*), les communes ont toute liberté pour transférer au groupement les compétences de leur choix. La compétence intercommunale la plus couramment exercée, tous groupements confondus, est la gestion de services ou d'équipements publics. Ainsi, le traitement, l'adduction et la distribution d'eau sont exercés par 21 % des groupements ; la collecte, le traitement ou l'élimination des ordures ménagères et des déchets par 11 % ; l'assainissement par 10 %.

L'intercommunalité sans fiscalité propre, au recensement aléatoire[13], qui a derrière elle une histoire remontant au XIXe siècle, représente encore aujourd'hui près de 18 000 structures.

Les SIVU, dont la progression a été forte jusqu'en 1993, sont souvent de petite taille, ils rassemblent majoritairement moins de dix communes et s'occupent prioritairement d'eau (23 %), de scolaire et de périscolaire (17 %) et d'assainissement (6,3 %).

Les SIVOM, dont la progression a été soutenue jusqu'en 1991, réunissant souvent entre 10 et 20 communes, s'occupent essentiellement de voirie (44 %), d'ordures ménagères (37 %), d'assainissement (29 %), de scolaire et de périscolaire (25 %), de tourisme (23 %), d'équipements publics (23 %), d'équipements de zone d'activités économiques (11,5 %). Parmi les SIVOM, les SIVOM « à la carte » représentent une proportion de l'ordre de 6 %.

Les syndicats mixtes, qui connaissent une augmentation régulière, interviennent soit traditionnellement dans les domaines de gestion des services publics, lorsqu'ils réunissent des collectivités territoriales, soit de manière plus générale dans le développement local, lorsqu'ils associent différents partenaires socio-économiques.

L'intercommunalité à fiscalité propre a connu un essor important mais beaucoup plus récent. Elle représente en effet, au 1er janvier 2007, 2 588 groupements qui réunissent près de 33 400 communes et 54,5 millions d'habitants. Près de 90 % des communes françaises et 90 % de la population sont désormais membres d'un EPCI à fiscalité propre.

La généralisation de la taxe professionnelle unique, entamée en 1992 et généralisée à partir de 1999, se poursuit dès lors régulièrement. Les EPCI à taxe professionnelle unique regroupent, au 1er janvier 2006, 40,9 millions d'habitants, soit près des trois-quarts de la population totale regroupée.

---

12. En ce qui concerne l'ancien tableau statistique, se reporter aux éditions antérieures.
13. La DGCL ne recense pas chaque année les syndicats de communes.

PREMIÈRE PARTIE
LES TRAITS COMMUNS DE L'INTERCOMMUNALITÉ

1

INTRODUCTION

Jusqu'à la loi du 12 juillet 1999, la connaissance des syndicats de communes était d'autant plus fondatrice dans l'étude de l'intercommunalité, que la plupart des règles qu'ils mettaient en œuvre constituaient souvent les règles de référence des catégories d'EPCI créés par la suite. De même, certains EPCI fonctionnaient volontiers par référence à d'autres, ainsi les règles relatives aux communautés de communes reprenaient celles des districts alors que les communautés de villes se définissaient par référence aux communautés urbaines.

L'intercommunalité ne disposait donc pas d'un corpus de règles communes, ce qui en rendait difficile une vision globale, puisque chaque catégorie d'EPCI possédait sa propre législation où il était malaisé de distinguer un fil directeur. Désormais, et cela constitue un apport essentiel de la loi de 1999, l'intercommunalité est régie au sein du CGCT par un ensemble de règles spécifiques, codifiées au chapitre 1 : « *dispositions communes*[1] » (art. L 5211-1 à L 5211-56), du titre 1 : « *établissements publics de coopération intercommunale* » de la partie V relative à la coopération locale.

---

1. Le chapitre 1 relatif aux dispositions communes est subdivisé en dix sections :
– Section 1 : Règles générales
– Section 2 : Création
– Section 3 : Organes et fonctionnement
– Section 4 : Conditions d'exercice des mandats locaux des membres des conseils ou comités
– Section 5 : Modifications statutaires
– Section 6 : Dispositions financières
– Section 7 : Transformation et fusion
– Section 8 : Commission départementale de la coopération intercommunale
– Section 9 : Information et participation des habitants
– Section 10 : Dispositions diverses.

LA COMMISSION DÉPARTEMENTALE DE LA COOPÉRATION INTERCOMMUNALE

Instituée par la loi du 6 février 1992, la commission départementale de la coopération intercommunale (CDCI), chargée d'établir et de tenir à jour un état de la coopération intercommunale dans le département, voit son rôle accru par la loi de 1999.

La commission, dont la composition est fixée aux articles L 5211-42 et 43 du CGCT, réunit différents collèges : des élus municipaux (60 %), des représentants des EPCI du département (20 %), du conseil général (15 %) et du conseil régional (5 %). Elle est présidée par le préfet, assisté d'un rapporteur général et de deux assesseurs élus parmi les maires.

Elle peut formuler toute proposition tendant à renforcer la coopération intercommunale. À cette fin, elle entend, à leur demande, des représentants des collectivités territoriales concernées. Elle est destinataire de tout projet d'association de communes en vue de l'élaboration de chartes intercommunales de développement et d'aménagement. Ses propositions et observations sont rendues publiques.

Par ailleurs, le préfet doit obligatoirement la consulter sur tout projet de création d'un EPCI, dès lors que c'est lui qui prend l'initiative de la création (cf. *infra*).

De même, il doit la consulter sur toute demande de retrait d'une communauté de communes ou d'un syndicat (que ce soit un retrait pur et simple, un retrait pour adhérer à une communauté de communes ou un retrait de compétences à transférer à une communauté de communes). Pour cette consultation, la CDCI est composée du quart des membres élus par le premier collège (dont deux membres représentant les communes de moins de 2 000 habitants) et du quart des membres du deuxième collège).

Dans les deux cas, l'avis de la commission est réputé négatif s'il n'a pas été rendu à l'issue d'un délai de deux mois.

LES FONDEMENTS DE L'INTERCOMMUNALITÉ

Un groupement de communes constitue un établissement public de coopération intercommunale[2]. *A contrario*, ce n'est pas une collectivité territoriale comme la commune, le département ou

2. La terminologie juridique est désormais beaucoup plus stricte, la loi du 12 juillet 1999 ne parle plus de groupement mais d'EPCI.

la région et cela résulte jusqu'à présent de la volonté du législateur depuis 1890, date de création du premier EPCI, le syndicat[3] de communes.

La différence est extrêmement importante d'un point de vue juridique mais elle l'est aussi, aujourd'hui où l'intercommunalité se développe, d'un point de vue politique. Un groupement de communes, quel que soit son degré d'intégration institutionnel et fiscal, ne se substitue pas aux communes dont il tire son existence.

Les principes fondamentaux qui différencient les EPCI des collectivités territoriales sont : le principe de spécialité, la représentation indirecte et l'intervention obligatoire de l'État pour créer l'EPCI.

La création d'un EPCI est en outre régie par la règle de la majorité qualifiée.

Le principe de spécialité

Un EPCI est régi par le principe de spécialité à la différence de la commune qui possède une vocation générale. Il ressort de ce principe que l'EPCI ne peut exercer que les compétences qui lui ont été déléguées par les communes et qu'il exerce par substitution.

Les EPCI dotés de compétences obligatoires sont régis par ce même principe de délégation de compétences.

La définition précise du transfert de compétences appartient toujours aux communes et non à l'EPCI, y compris dans le cas des EPCI où les transferts de compétences obligatoires sont particulièrement importants. Le principe rejoint d'une certaine façon celui de subsidiarité, plus connu en droit européen, où ce sont les communes qui déterminent les règles de partage des compétences.

C'est ce principe qui permet d'établir clairement la répartition des compétences entre les communes et l'EPCI et également d'éviter des conflits de compétence entre les communes et l'EPCI ou entre deux EPCI voisins.

Une compétence doit en effet être exercée par un seul titulaire, et si les communes l'ont déléguée à l'établissement, celles-ci ne pourront plus l'exercer elle-même ni bien évidemment la déléguer une deuxième fois. Le Conseil d'État a en l'occurrence une jurisprudence constante, qui est notamment explicitée dans l'arrêt « commune de Saint-Vallier » du 16 octobre 1970, et qui précise que dès lors que la

3. Cet ouvrage, relatif à l'intercommunalité *stricto sensu*, ne traite que des EPCI, ce qui exclut les chartes, les agglomérations ou les parcs naturels régionaux. Pour de plus amples informations sur ces structures, se reporter à *Intercommunalités, mode d'emploi* de Marie-Christine BERNARD-GÉLABERT et Patrick LABIA, *Economica*, Collection Mémento du Maire, septembre 2001.

compétence est transférée, les communes s'en sont dessaisie. La délégation de compétences implique de la part de la commune le dessaisissement immédiat et total de cette compétence.

Par ailleurs, certaines compétences propres au maire, notamment lorsqu'il agit en tant que représentant de l'État et qu'officier de police judiciaire, sont inaliénables.

La représentation indirecte

La représentation des citoyens est assurée par des organes élus au suffrage universel pour les collectivités locales alors qu'un EPCI est administré, selon les cas, par un comité ou un conseil, appelé organe délibérant, composé de délégués élus par les communes (article L 5211-7 du CGCT).

Jusqu'à la loi de 1999, certains EPCI, syndicats, districts ou communautés de communes, pouvaient, le cas échéant, élire « tout citoyen réunissant les conditions requises pour faire partie d'un conseil municipal[4] », il ne s'agissait donc pas forcément de conseillers municipaux. En revanche, les EPCI les plus intégrés, communautés urbaines et communautés de villes, devaient obligatoirement recourir à des conseillers municipaux.

Le débat à l'occasion de la loi relative au renforcement et à la simplification de la coopération intercommunale a montré que la notion de représentation indirecte, encore intangible, était en profonde évolution. En effet, la place prise par l'intercommunalité dans l'exercice des compétences dévolues aux communes, tendant à renforcer l'intégration institutionnelle, joint au rôle de plus en plus intégrateur de la fiscalité, ont introduit le débat sur la légitimité démocratique de l'assemblée délibérante des EPCI.

Au cours de ces débats, un amendement[5] avait été voté à l'Assemblée Nationale, instituant, à titre d'expérimentation pour les communautés urbaines, le principe d'élection au suffrage universel direct des délégués communautaires.

Par la suite, alors que le principe de représentation indirecte constitue toujours l'une des bases des EPCI, le débat sur l'élection des délégués communautaires au suffrage universel direct semblait indiquer, en 1999 puis en 2000, une possible évolution de ce fondement. Le rapport sur l'avenir de la décentralisation, remis au Premier Ministre le 17 octobre 2000 par la commission présidée par

4. Article L 5212-7 du CGCT.
5. Amendement rejeté par le Sénat et définitivement abandonné par la commission mixte paritaire lors du vote définitif de la loi.

Pierre Mauroy, indiquait très clairement la nécessité d'une telle réforme pour l'avenir de l'intercommunalité et la reconnaissance de sa légitimité démocratique. Le rapport conclut (proposition n° 7) que la réforme devrait être mise en œuvre dès les prochaines élections municipales de 2007.

Un amendement parlementaire au projet de loi relatif à la démocratie de proximité, voté en première lecture à l'Assemblée Nationale en juin 2001, avait pris acte de cette proposition en adoptant l'inscription solennelle du principe d'élection au suffrage universel direct des conseillers communautaires pour 2007, avant d'être également rejeté.

Le débat de fin 2002, début 2003, engagé à l'occasion de la réforme constitutionnelle, a été l'occasion, tant pour le gouvernement que pour une partie de la classe politique, de rejeter cette idée d'élection au suffrage universel direct en la reliant à l'existence même de la commune. L'Association Des Communautés de France (ADCF) a clairement rappelé sa vision de l'intercommunalité : « *La coopération intercommunale ne se conçoit et ne se justifie que dans la mesure où sont respectées et pérennisées l'identité et l'autonomie communales. L'ADCF reste fondamentalement attachée à la préservation de la commune en tant qu'échelon de base de la démocratie locale* ».

La discussion parlementaire, partagée entre les partisans d'une vision à terme supra communale des EPCI et les partisans d'une intercommunalité devant conserver la légitimité communale, a finalement pris le parti de reporter à plus tard un tel débat de fond tout en orientant, dès 1999, certaines dispositions vers une plus grande transparence démocratique.

Ainsi, si le principe de représentation indirecte reste valable, **les délégués des EPCI autres que ceux des syndicats et des syndicats d'agglomération nouvelle[6], doivent désormais obligatoirement être élus parmi les conseillers municipaux**.

La commune conserve la maîtrise de l'organe délibérant de l'EPCI. En effet, l'article L. 2121-33 du CGCT qui précise « *que le conseil municipal procède à la désignation [...] de délégués pour siéger au sein d'organismes extérieurs dans les cas et conditions prévus par les dispositions [...] des textes régissant ces organismes* » ajoute que « *la fixation par les dispositions précitées de la durée des fonctions assignées à ces membres ou délégués ne fait pas obstacle à ce qu'il puisse être procédé à tout moment, et pour le reste de cette durée, à leur remplacement par une nouvelle désignation opérée dans les mêmes formes* ».

6. Sauf dispositions expresses, les SAN sont régis par les dispositions applicables aux syndicats de communes (article L 5332-1 du CGCT).

L'État, créateur de l'EPCI

La création d'un EPCI ressort, si l'on excepte les créations autoritaires des quatre premières communautés urbaines, de la volonté des communes, voire le cas échéant d'une partie d'entre elles (article L 5211-5 du CGCT). Cependant, quel que soit cet accord, fut-il à l'unanimité, la création effective de l'EPCI appartient toujours à l'État déconcentré. Ce n'est en effet que lorsque le préfet a signé l'arrêté de création que l'EPCI a une existence juridique.

La création d'un EPCI est une procédure entièrement déconcentrée à l'échelon préfectoral. Le préfet détermine dans un premier temps le périmètre, puis, dans un second temps, autorise sa création en signant l'arrêté de création.

En la matière, le préfet dispose d'un pouvoir discrétionnaire, sous le seul contrôle du juge. Le préfet n'est en effet pas tenu de créer un EPCI dont le périmètre ne lui apparaîtrait pas conforme à l'esprit de la loi ou à l'intérêt général.

La loi ne modifie pas fondamentalement le rôle du préfet, mais lui donne un pouvoir d'initiative renforcé, tant sur la création des EPCI que sur la procédure nouvelle d'extension de périmètre ou de transformation d'EPCI (cf. *infra*).

La règle de la majorité qualifiée

C'est à partir de 1959 que cessa de s'appliquer la règle de l'unanimité requise jusqu'alors pour la création du syndicat, seul EPCI jusqu'alors. À partir de là fut substituée la règle plus efficace de la majorité qualifiée, qui s'est appliquée aux districts dès 1959. Cette majorité qualifiée, couramment utilisée dans différentes décisions prises par l'EPCI au cours de son existence, est aussi désignée sous le terme de « majorité requise pour la création ». Elle désigne **les deux tiers au moins des conseils municipaux des communes intéressées représentant plus de la moitié de la population totale, ou la moitié au moins des conseils municipaux des communes représentant les deux tiers de la population**.

Par conséquent, depuis l'intervention de la majorité qualifiée, il est évidemment possible qu'une minorité de communes soient amenées à faire partie de l'EPCI sans en être au préalable d'accord.

LA CRÉATION DES EPCI

1re étape : l'arrêté de périmètre

La création d'un EPCI donne lieu dans un premier temps à l'établissement de la liste des communes intéressées. Cette liste est fixée par le préfet du département concerné si l'EPCI ne s'étend que sur un seul département (dans le cas contraire, la procédure fait intervenir le préfet du ou des autres départements concernés), et donne lieu à l'établissement d'un premier arrêté préfectoral : l'arrêté de périmètre.

La liste des communes est déterminée :
– soit à l'initiative d'un ou de plusieurs conseils municipaux demandant la création de l'EPCI, dans un délai de deux mois à compter de la première délibération transmise par un conseil municipal,
– soit à l'initiative du ou des préfets, après avis de la ou des CDCI concernées (avis réputé négatif en l'absence de réponse dans un délai de deux mois).

La loi précise que le périmètre d'un EPCI ne peut être identique à celui d'un département.

Si l'EPCI doit remplir des conditions tenant à un seuil de population, c'est l'aire géographique de l'EPCI qui doit réaliser cette condition en totalisant la population de chaque commune membre.

À compter de la notification de cet arrêté, le conseil municipal de chaque commune concernée dispose d'un délai de trois mois pour se prononcer. À défaut de délibération dans ce délai, celle-ci est réputée favorable.

2e étape : l'arrêté de création

Le préfet peut alors créer l'EPCI si les règles de majorité qualifiée sont atteintes (les deux tiers au moins des conseils municipaux des communes intéressées représentant plus de la moitié de la population totale, ou, la moitié au moins des conseils municipaux des communes représentant les deux tiers de la population). De plus, cette majorité doit nécessairement comprendre selon les cas :
– pour la création **d'un syndicat ou d'une communauté de communes**, les conseils municipaux des communes **dont la population est supérieure au quart de la population totale concernée** ;
– pour la création **d'une communauté d'agglomération ou d'une communauté urbaine**, le conseil municipal de la commune **dont la population est supérieure à la moitié de la population totale concernée ou, à défaut, de la commune dont la population est la plus importante**.

La création de l'EPCI est alors effective et matérialisée par un deuxième arrêté préfectoral (éventuellement arrêté conjoint des préfets des départements concernés) : l'arrêté de création.

Tout refus d'autorisation de création de la part du préfet doit être motivé, conformément à la loi n° 79-587 du 11 juillet 1979, et la décision peut être déférée devant la juridiction administrative dans le délai de recours contentieux de deux mois.

Schéma de création d'un EPCI depuis la loi du 12 juillet 1999[7]

CRÉATION D'UN EPCI	
Deux hypothèses	
Initiative communale	**Initiative préfectorale**
Délibération d'au moins un conseil municipal demandant la création de l'EPCI, transmise au préfet	Convocation de la CDCI par le préfet sur le projet d'arrêté de périmètre (5 jours au moins avant la réunion)
↓	↓
↓	Avis donné ou réputé donné par la CDCI (2 mois à compter de la date de la 1ère réunion)
↓	↓
Arrêté de périmètre (2 mois au plus à compter de la première délibération)	Arrêté de périmètre
↘ ↓	↙
Consultation des communes incluses dans le projet de périmètre (3 mois à compter de la notification)	
↓	
Arrêté de création	

LES TRANSFERTS DE COMPÉTENCES

L'intercommunalité moderne se définit par la notion de compétences obligatoires. Indépendamment même de la liste des compétences obligatoires des différents EPCI (cf. *infra*), il existe une méthodologie des transferts, différente selon la catégorie d'EPCI.

En outre, la loi de 1999 centre le transfert de compétences sur la notion clé « **d'intérêt communautaire** », dont la délimitation varie également selon les EPCI. Cette notion implique une définition extrê-

7. Schéma élaboré à partir de la documentation de la Direction générale des collectivités locales.

mement protectrice de l'intérêt communal dans les communautés de communes, nettement moindre dans les communautés d'agglomération et les communautés urbaines. « *L'intérêt communautaire s'analyse comme la ligne de partage au sein d'une compétence entre les domaines d'action transférés à la communauté et ceux qui demeurent au niveau communal. C'est en d'autres termes le moyen, pour certaines compétences expressément énumérées par la loi, de laisser au niveau communal ce qui peut l'être et de transférer à l'établissement public de coopération intercommunale ce qui exige une gestion intercommunale*[8] ».

Le tableau qui suit résume la méthodologie du choix des compétences lorsque l'EPCI doit exercer un tel choix d'une part et la définition de l'intérêt communautaire d'autre part. Il doit également être mis en regard avec les compétences des communautés urbaines, communautés d'agglomération et communautés de communes (définies dans leur chapitre respectif) afin de vérifier quelles sont les compétences assorties de l'intérêt communautaire.

CU : Art. L 5215-20	L'EPCI exerce les compétences fixées par la loi dans six blocs de compétences, de plein droit, au lieu et place des communes. Elle n'a pas à les choisir, néanmoins, certaines de ces compétences sont concernées par la notion d'intérêt communautaire. Dans ce cas, il se détermine à la majorité des 2/3 du conseil communautaire. **C'est au conseil communautaire qu'il appartient de définir et de préciser la ligne de partage dans chaque domaine entre les compétences communautaires et les compétences communales.**
CA : Art. L 5216-5	L'EPCI exerce ses compétences obligatoires de plein droit, au lieu et place des communes. Il doit en outre exercer, au lieu et place des communes, au moins trois compétences parmi une liste de cinq. Ce choix est arrêté par décision des conseils municipaux à la majorité qualifiée requise pour la création.

8. Circulaire DGCL du 5 juillet 2001.

	Certaines de ces compétences, obligatoires ou facultatives, sont concernées par la notion d'intérêt communautaire. Dans ce cas, il se détermine à la majorité des 2/3 du conseil communautaire. **C'est au conseil communautaire qu'il appartient de définir et de préciser la ligne de partage dans chaque domaine entre les compétences communautaires et les compétences communales.**
CC : Art. L5214-16	L'EPCI exerce de plein droit, au lieu et place des communes, pour la conduite d'actions d'intérêt communautaire, des compétences librement choisies dans des groupes de compétences. La définition des compétences transférées au sein des groupes et la détermination de l'intérêt communautaire sont fixées à la majorité qualifiée requise pour la création. **C'est aux communes qu'il appartient de définir et de préciser la ligne de partage dans chaque domaine entre les compétences communautaires et les compétences communales.**

L'intérêt communautaire

La notion d'intérêt communautaire permet de fixer clairement le partage entre les compétences communautaires et les compétences que les communes souhaitent conserver au sein de chaque groupe ou bloc de compétences concernées. La loi n° 2004-809 du 13 août 2004 relative aux libertés et responsabilités locales a fixé un délai pour définir l'intérêt communautaire entre la communauté et les communes. En effet, **il doit être défini au plus tard deux ans après l'entrée en vigueur de l'arrêté prononçant le transfert de compétence**. À défaut, l'intégralité de la compétence est transférée à la communauté.

Les EPCI à fiscalité propre existant à la date d'entrée en vigueur de la loi de 2004 et qui n'auraient pas procédé à la reconnaissance de l'intérêt communautaire nécessaire à l'exercice d'une compétence transférée, ont eu jusqu'au 18 août 2006 pour y procéder. À défaut, l'intégralité de la compétence est transférée à l'EPCI, le préfet devant procéder aux modifications des statuts nécessaires.

Les communes et l'EPCI ont par conséquent tout intérêt à définir le plus précisément possible, à l'aide de critères explicites, le partage des compétences. Or, ces critères ne sont pas définis par la loi. La discussion parlementaire autour de cette question a mis en avant des critères qu'il peut être utile de connaître « *[critères] financiers, de superficie, de nombre de lots ou de logements, de fréquentation, ainsi que de tout autre critère quantifiable permettant de définir [...] les actions, opérations, zones et équipements dont l'intérêt n'est pas détachable du développement, de l'aménagement ou de la politique de cohésion sociale ou de gestion urbaine de l'ensemble de la communauté* ».

L'intérêt communautaire représente donc une notion souple et protectrice des compétences communales, nécessitant un dialogue entre l'EPCI et ses communes membres. Il définit également le degré d'intégration de l'EPCI. Très important pour une communauté urbaine, important pour une communauté d'agglomération, l'intérêt communautaire, qui accompagne systématiquement chaque compétence d'une communauté de communes, fait de cet EPCI celui qui aliène le moins les compétences et le pouvoir communal.

Il est nécessaire de définir le plus tôt possible l'intérêt communautaire dès lors que c'est à partir de sa définition que les compétences partagées pourront être réellement exercées.

Conséquences des transferts de compétences

Le transfert des compétences entraîne de plein droit la mise à disposition des biens meubles et immeubles utilisés, à la date du transfert, pour l'exercice de ces compétences. Toutefois, lorsque l'EPCI est compétent en matière de zones d'activité économique ou de zones d'aménagement concerté, les conditions financières et patrimoniales du transfert de biens immobiliers nécessaires à cette compétence sont décidées dans les conditions de majorité qualifiée requise pour la création. L'affectation des personnels est décidée dans les mêmes conditions.

Le transfert de compétences entraîne *ipso facto* le transfert à l'EPCI de l'ensemble des droits et obligations attachés, à la date de création, aux éléments transférés.

Les contrats en cours sont normalement exécutés jusqu'à leur échéance, sauf délibération contraire de l'EPCI.

En ce qui concerne le contenu obligatoire de l'arrêté, la loi précise seulement qu'il doit fixer le siège de l'EPCI.

Les transferts de personnel

La loi du 27 février 2002 relative à la démocratie de proximité pose les principes applicables en matière de transfert ou de mise à disposition de personnel.

TRANSFERT TOTAL OU PARTIEL DU SERVICE

Il est tout d'abord clairement exprimé ce qui pouvait ne pas aller de soi jusqu'à présent. Le transfert de compétences d'une commune à un EPCI entraîne le transfert du service ou de la partie de service chargé de sa mise en œuvre.

Par conséquent, les fonctionnaires territoriaux ou les agents territoriaux non titulaires qui remplissent en totalité leurs fonctions dans un service ou une partie de service transféré, sont automatiquement (quelle que soit leur volonté propre) transférés à l'EPCI. Ils relèvent dès lors de l'EPCI dans les conditions de statut et d'emploi qui sont les leurs. Les modalités de transfert font l'objet d'une décision conjointe de la commune et de l'EPCI, prise après avis des comités techniques paritaires compétents.

En revanche, les questions relatives aux fonctionnaires territoriaux exerçant pour partie seulement leurs fonctions dans un service ou une partie de service transféré, sont réglées par convention entre les communes et l'EPCI, après avis des commissions administratives paritaires concernées. Les agents transférés conservent, s'ils y ont intérêt, le bénéfice de leur régime indemnitaire.

La loi précise enfin que le schéma est le même, mais à l'inverse, lorsque des personnels communautaires sont transférés aux communes.

CONVENTION DE MISE À DISPOSITION D'AGENTS COMMUNAUX

La loi n° 2004-809 du 13 août 2004 relative aux libertés et responsabilités locales précise que les services d'un EPCI peuvent être en tout ou partie mis à disposition des communes membres, pour l'exercice de leurs compétences, lorsque cette mise à disposition présente « *un intérêt dans le cadre d'une bonne organisation des services* ». Une convention conclue entre l'établissement et les communes intéressées doit fixer les modalités de cette mise à disposition. Cette convention prévoit notamment les conditions de remboursement par la commune des frais de fonctionnement du service.

De même, les services d'une commune membre peuvent être en tout ou partie mis à disposition de l'EPCI pour l'exercice de ses compétences, lorsque cette mise à disposition présente « *un intérêt dans le cadre d'une bonne organisation des services* ».

Le maire ou le président de l'EPCI doit adresser directement au chef du service mis à disposition toutes instructions nécessaires à l'exécution des tâches confiées. Il en contrôle l'exécution. Il peut donner, sous sa surveillance et sa responsabilité, par arrêté, délégation de signature au chef du service pour l'exécution de ses missions.

Un EPCI à fiscalité propre peut également, dans le cadre d'une gestion unifiée du personnel de l'EPCI et des communes membres qui le souhaitent, dans les conditions fixées par le conseil de communauté, mettre son personnel et ses services à la disposition des communes qui en font la demande.

Les services d'un syndicat mixte fermé peuvent être en tout ou partie mis à disposition de ses collectivités ou EPCI membres, pour l'exercice de leurs compétences. Une convention conclue entre le syndicat et ses membres fixe les modalités de cette mise à disposition. Elle prévoit notamment les conditions de remboursement par la collectivité ou l'établissement des frais de fonctionnement du service.

De même, les services d'une collectivité territoriale ou d'un EPCI membre peuvent être en tout ou partie mis à disposition du syndicat mixte pour l'exercice de ses compétences. Le maire ou le président adresse directement au chef de service mis à disposition toutes instructions nécessaires à l'exécution des tâches confiées. Il en contrôle l'exécution et peut donner, sous sa surveillance et sa responsabilité, délégation de signature.

Les statuts

Les statuts sont l'ensemble des dispositions approuvées par chaque conseil municipal lors de la délibération relative à la création de l'EPCI. Ils se distinguent de la délibération institutive, qui comprend l'arrêté préfectoral de création et en annexe les délibérations approuvant les statuts.

Les statuts doivent comprendre, au minimum, un certain nombre de mentions prévues par la loi, la liste des communes membres, le siège, la durée, les modalités de répartition des sièges, le nombre de sièges attribués à chaque commune membre, l'institution éventuelle de suppléants, les compétences transférées (art. L 5211-5-1 du CGCT).

Toutefois, dans la pratique, les statuts auront tout intérêt à être le plus détaillé possible, notamment dans le descriptif de l'objet d'un syndicat ou de « l'intérêt communautaire » pour les autres EPCI, afin d'éviter ultérieurement les sources de contentieux, notamment en matière de délégation de compétences.

Mais la précision des statuts sur le sujet est aussi importante à l'égard du principe de spécialité qui commande à l'EPCI d'agir exclusivement dans le cadre de son objet, précisément tel qu'il est défini dans les statuts, ce qui est particulièrement important pour le syndicat. Là encore, le Conseil d'État est toujours très attentif à assurer le strict respect de la règle en matière syndicale. Ainsi, dans l'arrêt « commune de Blaye-les-Mines » du 23 octobre 1985, a-t-il précisé que, dès lors que l'objet du syndicat était une mission d'études relative à un projet d'amélioration en eau potable des communes membres, celui-ci ne pouvait pas assurer la distribution en eau potable sans outrepasser ses compétences.

LES ORGANES

De manière générale, un EPCI est administré comme une commune, dont l'organisation lui sert de cadre général de référence.

Ainsi, et sauf dispositions spécifiques, les règles de fonctionnement du conseil municipal sont applicables à l'organe délibérant des EPCI (la différence d'organisation entre les communes de moins ou de plus 3 500 habitants se retrouve entre les EPCI comprenant ou non une commune de plus de 3 500 habitants).

De même, les dispositions applicables aux maires et aux adjoints s'appliquent *mutatis mutandis* aux présidents et membres de l'organe délibérant des EPCI.

Enfin, les dispositions concernant le contrôle de légalité, le caractère exécutoire et le contrôle administratif des actes des communes s'appliquent aux EPCI.

L'organe délibérant

Un EPCI est administré par un organe délibérant qui en constitue l'administration. Il est composé de délégués élus par les conseils municipaux des communes[9], parmi leurs membres, à l'exception, le cas échéant, des syndicats (cf. *supra*). L'élection a lieu au scrutin secret à la majorité absolue aux deux premiers tours de scrutin, puis à la majorité relative.

En cas d'égalité des suffrages, le plus âgé est déclaré élu.

Le mandat des délégués, lié à celui du conseil municipal, expire lors de l'installation de l'organe délibérant de l'EPCI suivant le renouvellement général des conseils municipaux.

Il peut déléguer une partie de ses attributions au président, aux vice-présidents ayant reçu délégation et au bureau, à l'exception :
– du vote du budget, de l'institution et de la fixation des taux ou tarifs des taxes ou redevances ;
– de l'approbation du compte administratif ;
– des dispositions à caractère budgétaire prises par un EPCI à la suite d'une mise en demeure ;
– des décisions relatives aux modifications des conditions initiales de composition, de fonctionnement et de durée de l'EPCI ;

---

9. Une commune associée issue d'une fusion-association est représentée, avec voix consultative, par son maire délégué ou son représentant.

– de l'adhésion de l'établissement à un établissement public ;
– de la délégation de la gestion d'un service public ;
– des dispositions portant orientation en matière d'aménagement de l'espace communautaire, d'équilibre social de l'habitat sur le territoire communautaire et de politique de la ville.

Lors de chaque réunion de l'organe délibérant, le président rend compte des travaux du bureau et des attributions exercées par délégation de l'organe délibérant.

Le président

Le président est l'organe exécutif de l'EPCI. Il prépare et exécute les délibérations de l'organe délibérant. Il est l'ordonnateur des dépenses et prescrit l'exécution des recettes de l'EPCI. Il est seul chargé de l'administrer mais il peut déléguer, par arrêté, sous sa surveillance et sa responsabilité, une partie de ses fonctions aux vice-présidents ou, en cas d'empêchement de ces derniers ou dès lors que ceux-ci sont tous titulaires d'une délégation, à d'autres membres du bureau. Il est enfin le chef des services créés par l'EPCI et peut le représenter en justice.

C'est également le président qui procède, le cas échéant, à la nomination des gardes champêtres, conjointement avec le maire de chacune des communes concernées. En effet, un EPCI peut recruter des gardes champêtres[10] compétents dans les communes membres de l'EPCI.

La loi n° 2004-809 du 13 août 2004 relative aux libertés et responsabilités locales autorise les maires des communes membres d'un EPCI à fiscalité propre[11] compétent en matière d'assainissement, d'élimination des déchets ménagers, de réalisation d'aires d'accueil ou de terrains de passage des gens du voyage ou compétent pour assurer la sécurité des manifestations culturelles et sportives à transférer au président de cet établissement des attributions lui permettant de réglementer de telles activités ou compétences. Elle autorise également les maires d'EPCI à fiscalité propre compétents en matière de voirie à transférer au président tout ou partie des prérogatives détenues en matière de circulation et de stationnement.

Les arrêtés de police sont alors pris conjointement par le président de l'EPCI et le ou les maires des communes concernées.

10. La loi du 27 février 2002 relative à la démocratie de proximité étend les pouvoirs de police des gardes champêtres, proches de ceux des agents de police municipale (article L 2213-17 du CGCT).

11. S'il s'agit d'une communauté urbaine, le transfert est décidé par arrêté préfectoral, après accord du président et des deux tiers au moins des maires de communes membres dont la population représente plus de la moitié de la population totale ou l'inverse.

Le transfert est décidé par arrêté préfectoral, sur proposition des maires de communes intéressées et après accord de tous les maires des communes membres et du président de l'EPCI. Il y est mis fin dans les mêmes conditions.

Le bureau

L'organe délibérant élit un bureau composé d'un président, d'un ou plusieurs vice-présidents (sans que ce nombre ne puisse excéder 30 % de l'effectif de l'organe délibérant) et d'un ou plusieurs autres membres.

Les membres du bureau doivent être élus parmi les membres de l'organe délibérant, selon les règles fixées pour l'élection des maires et des adjoints de la commune. À chaque élection du président, il y a une nouvelle élection des membres du bureau.

LE FONCTIONNEMENT

Réunions de l'organe délibérant

L'organe délibérant se réunit au moins une fois par trimestre sauf en ce qui concerne le SIVU, qui doit se réunir au moins une fois par semestre, sur convocation du président.

Il se réunit au siège de l'EPCI ou dans un lieu choisi par l'organe délibérant dans l'une des communes membres. Il peut décider, à la majorité absolue des membres présents, de se réunir à huis clos si cinq membres ou le président le demande.

Mission d'information et d'évaluation

Dans les EPCI d'au moins 50 000 habitants, l'organe délibérant peut, sur demande d'un sixième de ses membres, délibérer au sujet de la création d'une mission d'information et d'évaluation (article L 2121-22-1 du CGCT), chargée de recueillir des éléments d'information sur une question d'intérêt intercommunal ou de procéder à l'évaluation d'un service public d'intérêt intercommunal.

Police municipale intercommunale

À la demande des maires de communes appartenant à un EPCI à fiscalité propre, l'EPCI peut recruter, après une délibération acquise à la majorité qualifiée (deux tiers au moins des conseils municipaux représentant plus de la moitié de la population ou l'inverse), des agents de police municipale (article L 2212-5 du CGCT), en vue de les mettre à la disposition de l'ensemble des communes concernées. Les agents sont alors nommés par le président de l'EPCI.

LES MODIFICATIONS STATUTAIRES

Un EPCI peut être amené à modifier ses statuts au cours de son existence. Ainsi, l'organe délibérant peut souhaiter une extension de périmètre ou de compétences ou des modifications de ses conditions initiales de fonctionnement. Il peut aussi faire face à des demandes de retrait ou d'admission de la part des communes membres ou de communes extérieures.

Extension de périmètre (article L 5211-18 du CGCT)

Le périmètre de l'EPCI peut être étendu par arrêté, selon le cas, du ou des préfets concernés, par adjonction de nouvelles communes :

1°) soit à la demande des conseils municipaux des communes entrantes. L'acceptation est subordonnée à l'accord de l'organe délibérant de l'EPCI ;

2°) soit à l'initiative de l'organe délibérant de l'EPCI. L'acceptation est alors subordonnée à l'accord du ou des conseils municipaux dont l'admission est envisagée ;

3°) soit à l'initiative du préfet. L'acceptation est alors subordonnée à l'accord de l'organe délibérant et des conseils municipaux dont l'admission est envisagée.

Dans chacun de ces cas, à compter de la notification de la délibération de l'organe délibérant de l'EPCI aux maires des communes associées, chaque conseil municipal dispose d'un délai de trois mois pour se prononcer, dans les conditions de majorité qualifiées requises pour la création de l'établissement. À défaut, son accord est réputé acquis.

Les mêmes règles s'appliquent pour les conseils municipaux des communes qui souhaitent entrer dans l'EPCI.

L'organe délibérant dispose d'un délai de trois mois pour donner suite aux demandes qui lui sont faites.

Les conditions financières et patrimoniales de transfert sont identiques aux conditions de transfert initiales (cf. *supra*).

Par dérogation à l'obligation de former un ensemble d'un seul tenant et sans enclave, le préfet peut autoriser l'adhésion de communes à un EPCI à fiscalité propre, dès lors que ces communes sont empêchées d'adhérer par le refus d'une seule commune.

Retrait de communes (article L 5211-19 du CGCT)

La procédure de retrait a été considérablement simplifiée par la loi de 1999. Une commune peut se retirer d'un EPCI avec le consentement de l'organe délibérant, sauf s'il s'agit d'une communauté urbaine où tout retrait est impossible.

En ce qui concerne les EPCI à fiscalité propre soumis au régime de la taxe professionnelle unique, le retrait n'est possible qu'à l'issue de la période d'unification des taux de taxe professionnelle.

Le retrait est subordonné à l'accord des conseils municipaux exprimé dans les conditions de majorité requises pour la création de l'établissement. Le conseil municipal de chaque commune associée dispose d'un délai de trois mois à compter de la notification de la délibération de l'organe délibérant au maire de la commune, pour se prononcer sur ce retrait. À défaut de délibération, la décision est réputée défavorable.

Les biens sont restitués aux communes antérieurement compétentes et réintégrés dans leur patrimoine pour leur valeur nette comptable (article L 5211-25-1 du CGCT). Les biens acquis en commun sont répartis entre les communes qui reprennent la compétence ou entre les communes concernées et l'EPCI. En l'absence éventuelle d'accord sur la répartition des biens et de la dette entre l'EPCI et la commune concernée, celle-ci est fixée par arrêté préfectoral.

La décision de retrait est prise par le ou les préfets concernés.

Lorsque une commune se retire d'un EPCI membre d'un syndicat mixte, ce retrait entraîne la réduction du périmètre du syndicat mixte. Les conditions financières et patrimoniales du retrait de la commune sont déterminées par délibérations concordantes du conseil municipal de la commune et des organes délibérants du syndicat mixte et de l'EPCI. À défaut d'accord, ces conditions sont arrêtées par le préfet.

Le retrait du syndicat vaut réduction du périmètre des syndicats mixtes dont le syndicat est membre.

Transferts ultérieurs de compétence

Tout transfert de compétence non prévu par la loi ou par la décision institutive, accompagné des biens, équipements et services nécessaires à son activité, peut intervenir après la création de l'EPCI (art. L 5211-17 du CGCT). Il est prononcé par arrêté du ou des préfets concernés.

Ces transferts sont décidés par **délibérations concordantes de l'organe délibérant et des conseils municipaux** se prononçant à la majorité qualifiée requise pour la création.

Chaque conseil municipal dispose d'un délai de trois mois, à compter de la notification au maire de la délibération, pour se prononcer. À défaut, la décision est réputée favorable.

Les conditions financières et patrimoniales de transfert sont identiques aux conditions de transfert initiales (cf. *supra*).

Modifications des conditions initiales de fonctionnement

Si l'EPCI décide de modifier (art. L 5211-20 du CGCT) ses conditions statutaires d'organisation, de fonctionnement ou de durée (toutes conditions autres que celles précédemment examinées et autres que la dissolution), il doit prendre une délibération et la notifier à chacun des maires des communes associées. À compter de cette notification, chaque conseil municipal dispose d'un délai de trois mois pour se prononcer, à défaut la décision est réputée favorable.

La décision de modification est subordonnée à l'accord des conseils municipaux **statuant à la majorité qualifiée requise pour la création**.

La décision de modification est prise par arrêté du ou des préfets concernés.

Le nombre des sièges de l'organe délibérant (art. L 5211-20-1 du CGCT), ainsi que leur répartition, peuvent être modifiés à la demande de l'organe délibérant ou du conseil municipal d'une commune membre, à l'occasion d'une modification du périmètre ou des compétences de l'EPCI ou dans le but d'établir une plus juste adéquation entre la représentation des communes au sein de l'organe délibérant et l'importance de leur population.

La demande est transmise, sans délai, par l'EPCI à l'ensemble des communes intéressées. À compter de cette transmission, chaque conseil municipal dispose d'un délai de trois mois pour se prononcer sur la modification envisagée. À défaut de délibération dans ce délai, sa décision est réputée favorable.

La décision de modification est subordonnée à l'accord du conseil communautaire et à celui des conseils municipaux se prononçant dans les conditions de majorité prévues pour la répartition des sièges au sein de l'organe délibérant de l'EPCI intéressé.

La décision de modification est prise par arrêté préfectoral

LA TRANSFORMATION

Règles générales

La loi précise tout d'abord que lorsqu'un EPCI à fiscalité propre se transforme en un autre EPCI à fiscalité propre, cela n'entraîne pas l'application des règles relatives à la création d'une nouvelle personne morale. Cette disposition, fort utile, assure la continuité de la personne morale initiale et dispense le nouvel EPCI des formalités d'enregistrement (art. L 5211-41 du CGCT).

Dès lors qu'un EPCI à fiscalité propre exerce déjà les compétences exigées pour une autre catégorie d'EPCI à fiscalité propre, il peut se transformer, sous réserve évidemment qu'il remplisse les conditions de création nécessaires. La décision de transformation doit être prise par délibérations concordantes de l'organe délibérant et des conseils municipaux des communes associées se prononçant dans les conditions de majorité requises pour la création.

Chaque conseil municipal dispose d'un délai de trois mois à compter de la notification de la délibération de l'organe délibérant de l'EPCI pour se prononcer. À défaut de réponse, sa décision est réputée favorable.

La transformation fait alors l'objet d'un arrêté pris par le ou les préfets concernés.

L'ensemble des biens, droits et obligations de l'EPCI qui s'est transformé est transféré au nouvel EPCI, qui est ainsi substitué de plein droit à l'ancien, dans toutes les délibérations et actes à la date de l'arrêté de transformation.

Les délégués communautaires conservent leur mandat pour la durée restant à courir.

Procédure spécifique de transformation – extension (article L 5211-41-1 du CGCT)

Une nouvelle procédure a été introduite par la loi de 1999, qui joint, au sein d'une procédure unique, l'acte de transformation à celui d'extension de périmètre. Il s'agit d'une procédure générale, qui est indépendante des procédures particulières propres aux communautés d'agglomération et aux communautés urbaines (cf. *infra*) et qui concerne de fait les communautés de communes (article L 5211-41-1 du CGCT).

Le périmètre de l'EPCI à fiscalité propre qui a décidé de se transformer peut être étendu aux communes « *dont l'inclusion dans le périmètre est de nature à assurer la cohérence spatiale et économique ainsi que la solidarité financière et sociale qui sont nécessaires au développement d'une communauté d'agglomération et à son évolution en pôle urbain de développement ou au développement d'une communauté urbaine et à son évolution en métropole régionale selon le cas* ».

Ceci étant, une clause de sauvegarde a été introduite pour les communes membres de certaines communautés de communes (relevant de l'article L 5214-23-1 et décrites au chapitre relatif aux communautés de communes), qui ne peuvent être incluses sans leur accord. Par ailleurs, une commune membre d'un EPCI à taxe professionnelle unique en cours d'unification, ne peut en sortir avant la fin de cette unification.

Ce projet d'extension est arrêté par le ou les préfets concernés après avis de la ou des CDCI concernées. L'avis est réputé négatif s'il n'est pas rendu dans un délai de deux mois.

L'extension est possible **après accord du conseil de l'EPCI ainsi que des deux tiers au moins des conseils municipaux** de toutes les communes incluses dans le futur périmètre et représentant plus de la moitié de la population totale ou de la moitié au moins des conseils municipaux représentant les deux tiers de la population. Cette majorité doit nécessairement comprendre le conseil municipal de la commune dont la population est supérieure à la moitié de la population totale concernée ou, à défaut, de celle dont la population est la plus importante.

À défaut de délibération dans les trois mois à compter de la notification du projet, l'accord est réputé donné. L'extension du périmètre et la transformation en une autre catégorie juridique d'EPCI sont prononcées par le même arrêté préfectoral, qui vaut retrait des communes des EPCI dont elles sont membres.

Dans un délai de trois mois à compter de la notification de l'arrêté, les communes concernées par le projet se prononcent sur une nouvelle répartition des sièges au conseil de l'EPCI dans les conditions applicables à cet EPCI. La nouvelle répartition entre en vigueur à la date de transformation et d'extension du périmètre de l'EPCI.

Les conditions financières et patrimoniales de transfert sont identiques aux conditions de transfert initiales (cf. *supra*).

Procédure de transformation d'un syndicat en communauté de communes ou en communauté d'agglomération

La loi n° 2004-809 du 13 août 2004 relative aux libertés et responsabilités locales institue un dispositif de transformation d'un syndicat de communes en communauté d'agglomération ou en communauté de communes (codifié à l'article L 5211-41-2 du CGCT) afin de faciliter le passage entre les deux types d'EPCI (jusqu'alors, les communes membres devaient dissoudre le syndicat puis créer une communauté).

La transformation peut avoir lieu lorsque le syndicat remplit les conditions exigées pour la création, selon le cas, d'une communauté de communes ou d'agglomération. Elle est décidée par délibérations concordantes du comité syndical et des conseils municipaux des communes membres statuant dans les conditions de création requises pour l'établissement public de coopération intercommunale concerné.

Chacune des instances a trois mois pour se prononcer à compter de la notification au maire et au président du syndicat de la délibération de transformation. À défaut de délibération, l'accord est réputé acquis.

La transformation est prononcée par arrêté préfectoral (arrêté préfectoral conjoint, le cas échéant).

L'ensemble des biens, droits et obligations du syndicat qui s'est transformé est transféré au nouvel EPCI, qui est ainsi substitué de plein droit au syndicat, dans toutes les délibérations et actes à la date de l'arrêté de transformation.

Les contrats en cours sont normalement exécutés jusqu'à leur échéance, sauf accord contraire des parties.

Les personnels sont réputés relever du nouvel établissement.

La transformation s'effectue à titre gratuit sans paiement d'indemnité, droit, taxe, salaire ou honoraires.

Elle entraîne une nouvelle répartition des sièges au sein de l'organe délibérant du nouvel EPCI dans les conditions qui lui sont applicables et une nouvelle élection de l'ensemble des délégués des communes.

LA DISSOLUTION

Chaque EPCI a des règles propres de dissolution (cf. *infra*), à l'exception des règles financières relatives à la dissolution qui sont communes (article L 5211-26 du CGCT).

Ainsi, en cas de dissolution d'un EPCI, les communes membres doivent corriger leurs résultats de la reprise des résultats de l'établissement dissous, par délibération budgétaire, dans les conditions définies par la répartition consécutive au vote du compte administratif. Le détail des opérations non budgétaires est joint en annexe au budget de reprise des résultats.

Si l'organe délibérant ne s'est pas prononcé sur l'adoption du compte administratif et sur les conditions de transfert de l'actif et du passif aux communes avant la dissolution, l'arrêté ou le décret de dissolution doit prévoir la nomination d'un liquidateur et déterminer, sous la réserve du droit des tiers, les conditions d'apurement des dettes et créances et de cession des actifs. Les pouvoirs du liquidateur, qui a qualité d'ordonnateur accrédité auprès du comptable de l'EPCI, sont limités aux seuls actes de pure administration conservatoire et urgente, pour l'exercice en cours.

Le liquidateur est placé sous la responsabilité du préfet. Il prépare le compte administratif de l'exercice, appuyé du compte de gestion. Le préfet arrête les comptes.

En cas d'annulation de l'arrêté de création d'un EPCI, le préfet nomme, dans les huit jours à compter de la notification du jugement, un liquidateur dont la mission s'exerce dans les conditions précédentes.

DEUXIÈME PARTIE
LE RÉGIME JURIDIQUE DES EPCI

2

LES EPCI SANS FISCALITÉ PROPRE : LES SYNDICATS

1

INTRODUCTION

La plus ancienne expression de l'intercommunalité remonte au XIXe siècle avec la création du syndicat intercommunal à vocation unique, le SIVU, créé par la loi du 22 mars 1890.

La création du syndicat correspond à la faculté donnée aux communes « d'œuvrer » en commun, d'abord pour une seule œuvre avec le SIVU, ensuite pour plusieurs œuvres, puisque l'ordonnance n° 59-29 du 5 janvier 1959 crée le syndicat intercommunal à vocation multiple, le SIVOM.

Créé par un décret du 20 mai 1955 pour un objet unique, le syndicat mixte, qui permet l'association de communes avec d'autres personnes morales de droit public, peut, à partir de la loi du 31 décembre 1970, diversifier ses activités.

Enfin, la loi n° 88-13 du 5 janvier 1988 complète le dispositif d'association syndicale en offrant la possibilité aux communes de n'adhérer au syndicat que pour une partie seulement de ses activités. C'est le « syndicat à la carte ».

Le syndicat de communes, quelles que soient ses modalités : SIVU, SIVOM ou syndicat à la carte, « *est un établissement public de coopération intercommunale associant des communes en vue d'œuvres ou de services d'intérêt intercommunal* » (art. L 5212-1 du CGCT). Les syndicats n'ont aucune compétence obligatoire définie par la loi, ils doivent donc définir très précisément la ou les compétences choisies.

La structure syndicale conserve toujours aujourd'hui une grande utilité alors même que c'est la seule qui est dépourvue d'autonomie fiscale. La qualité première du syndicat est de permettre la réalisation de missions (création et gestion) techniques. Un syndicat est par nature une association de communes destinée à de tels objectifs. Il a également pu constituer un pallier intéressant qui a souvent permis de se diriger vers une intercommunalité plus intégrée et de nature plus fédérative.

RÈGLES DE CRÉATION SPÉCIFIQUES AUX SYNDICATS

Aucun seuil de population n'est requis pour la création des syndicats, les communes candidates peuvent appartenir au même département ou à des départements différents, limitrophes ou non. Il est créé soit sans fixation de terme, soit pour une durée déterminée dans la décision institutive. La contiguïté du territoire des communes n'est pas exigée pour le syndicat.

La procédure de création d'un syndicat peut suivre le droit commun (cf. *supra*) ou se faire, le cas échéant, selon la procédure spécifique et raccourcie de l'unanimité.

En effet, si l'ensemble des communes intéressées par la création du syndicat en est d'accord, la procédure peut être raccourcie et le syndicat est alors créé à l'unanimité. Les conseils municipaux expriment, par délibérations concordantes, leur volonté de s'associer et le préfet crée le syndicat par un seul acte de procédure : l'arrêté de création.

LES FORMES DU SYNDICAT

Le SIVU

Le SIVU a statutairement un objet unique. Le syndicat est constitué pour une seule œuvre ou un seul service d'intérêt intercommunal. Cette unicité de la vocation n'interdit pas cependant une certaine complémentarité entre différents aspects de la vocation. Toutefois, le juge tend à être extrêmement vigilant sur cet aspect et la complémentarité ne doit pas aboutir à une dissociation de la compétence (cf. *supra* arrêt précité de « commune de Blaye-les-Mines »).

Le SIVOM

La liste des compétences d'un SIVOM n'est pas limitée et ce syndicat est constitué pour des œuvres ou des services d'intérêt intercommunal, qui peuvent n'avoir aucun lien fonctionnel entre eux.

Le syndicat à la carte

Le syndicat à la carte, régi par les articles L 5212-16 et L 5212-17 du CGCT, qui est une catégorie de SIVOM, est un EPCI d'un type tout à fait particulier dans la mesure où c'est le seul auquel peut adhérer une commune pour n'utiliser qu'une partie seulement des compétences. Il n'existe aucun autre EPCI à posséder cette spécificité qui, dans une certaine mesure, ne correspond pas à la philosophie générale de l'intercommunalité, se définissant plutôt comme l'exercice pour toutes les communes membres des compétences déléguées.

Le syndicat à la carte, compte tenu de cette spécificité, a donc des règles particulières de fonctionnement.

Un SIVOM peut à tout moment se transformer en syndicat à la carte, il suffit qu'il modifie ses statuts.

Les statuts d'un syndicat à la carte doivent déterminer la liste des communes membres, la liste des compétences et les conditions dans lesquelles chaque commune membre transfère au syndicat tout ou partie des compétences qu'il est habilité à exercer. Le syndicat exerce chacune de ses compétences dans les limites du territoire des communes qui lui ont délégué cette compétence.

La décision d'institution doit déterminer les dépenses correspondant aux compétences transférées et chaque commune supporte obligatoirement les dépenses correspondant aux compétences qu'elle a transférées au syndicat ainsi qu'une part des dépenses d'administration générale.

Le fonctionnement du comité est le suivant :

– tous les délégués prennent part au vote pour les affaires présentant un intérêt commun à toutes les communes et notamment pour l'élection du président et des membres du bureau, le vote du budget, l'approbation du compte administratif et les décisions relatives aux modifications des conditions initiales de composition, de fonctionnement et de durée du syndicat. À l'inverse, s'il ne s'agit pas d'affaires communes, seuls les délégués représentant les communes concernées par la délibération prennent part au vote ;
– le président prend part à tous les votes, sauf évidemment s'il est intéressé à l'affaire ou dans les séances où le compte administratif du président est débattu ;
– la décision d'institution peut fixer des règles particulières de représentation de chaque commune afin de tenir compte des compétences transférées.

Par ailleurs, le comité syndical peut former pour l'exercice d'une ou plusieurs compétences des commissions chargées d'étudier et de préparer ses décisions.

Le syndicat mixte

Le syndicat mixte a une place à part dans la classification des syndicats de communes puisqu'il offre la possibilité de mélanger les genres. En effet, un syndicat mixte permet d'associer entre eux des communes, des collectivités territoriales, des groupements de communes et d'autres personnes morales de droit public.

Il y a deux catégories de syndicats mixtes :

– les syndicats mixtes composés de communes et d'EPCI ou exclusivement d'EPCI d'une part (art. L. 5711-1), il s'agit des syndicats mixtes dit « fermés » ;

– et les syndicats mixtes associant des collectivités territoriales, des EPCI et d'autres personnes morales de droit public d'autre part (art. L. 5721-2), il s'agit des syndicats mixtes dit « ouverts ».

LES SYNDICATS MIXTES FERMÉS

La nature de ce type de syndicat mixte, qui permet l'association de communes et d'EPCI ou d'EPCI, l'assimile à un groupement classique, dans la mesure où il s'agit toujours à la base d'association de communes. Au demeurant, ces syndicats mixtes ressortissent aux dispositions de droit commun et aux dispositions applicables aux syndicats de communes.

La loi du 27 février 2002 relative à la démocratie de proximité précise les règles applicables à l'élection des délégués de ces syndicats mixtes, compte tenu de l'obligation, pour les EPCI à fiscalité propre, d'élire en leur sein des conseillers municipaux. Ainsi est-il précisé qu'en ce qui concerne l'élection des délégués des communes et des syndicats au comité du syndicat mixte, le choix de l'organe délibérant peut porter sur tout citoyen, faisant ou non partie d'un conseil municipal. En revanche, les délégués des EPCI à fiscalité propre devront obligatoirement être désignés parmi les conseillers communautaires ou parmi les conseillers municipaux d'une commune membre.

De manière générale, ces syndicats mixtes assurent les compétences classiques des EPCI dans le domaine de la réalisation et de la gestion des services publics.

Ce sont les seuls syndicats mixtes à avoir la possibilité de percevoir des contributions fiscalisées (cf. *infra*, article 1609 quater du CGI).

LES SYNDICATS MIXTES OUVERTS

Ce deuxième type en revanche permet de réunir des collectivités territoriales de niveaux différents, communes, départements ou régions, des EPCI et diverses personnes morales de droit public, ententes interrégionales ou interdépartementales, chambres de commerce et d'industrie, d'agriculture, de métiers, etc., en vue d'œuvres ou de services présentant une utilité pour chacune de ces personnes morales. Toutefois, il est néanmoins impératif que le syndicat mixte comprenne au moins une collectivité territoriale ou un groupement de collectivités territoriales.

La répartition des sièges au sein du comité syndical entre les collectivités locales et les établissements publics membres du syndicat mixte est fixée par les statuts. Le président du syndicat mixte est élu par le comité syndical ou, si les statuts le prévoient, par le bureau qu'il a constitué.

Lorsque les statuts n'ont pas prévu une procédure spécifique, les modifications statutaires sont décidées à la majorité des deux tiers des membres qui composent le comité syndical.

Ces syndicats mixtes assurent souvent des compétences plus novatrices en matière de développement local dès lors que divers partenaires sociaux peuvent être ainsi réunis.

Le financement de ce type de syndicat mixte ne peut être assuré que par des contributions budgétaires de la part des membres du syndicat.

Tous les EPCI, à fiscalité propre ou non, peuvent adhérer à ce type de syndicat mixte.

Les dispositions relatives au contrôle de légalité des actes des autorités départementales leur sont applicables, ainsi que les dispositions financières et comptables générales. Les documents budgétaires sont mis à la disposition du public au siège de l'établissement et des mairies concernées. Si le syndicat mixte comprend au moins un département ou une région, les documents budgétaires sont également consultables au siège des conseils généraux et régionaux intéressés.

LES DISTRICTS EUROPÉENS (ARTICLE L. 1114-4 DU CGCT)

Les dispositions applicables aux syndicats mixtes ouverts leur sont applicables, sauf stipulation internationale contraire.

Dans le cadre de la coopération transfrontalière, les collectivités territoriales françaises et leurs groupements peuvent constituer, conjointement avec des collectivités territoriales étrangères et leurs groupements, un groupement local de coopération transfrontalière dénommé district européen, doté de la personnalité morale et de l'autonomie financière. Son objet est d'exercer les missions présentant un intérêt pour chacune des personnes publiques participantes et de créer et gérer des services publics et les équipements afférents.

La personnalité juridique de droit public est concomitante à la création, autorisée par arrêté préfectoral du préfet du département siège.

Les collectivités territoriales étrangères et leurs groupements peuvent adhérer à des syndicats mixtes ouverts existants. Cette adhésion entraîne de plein droit la transformation de ces syndicats mixtes en districts européens.

LE FONCTIONNEMENT DU SYNDICAT

Le syndicat est administré par un comité qui comprend normalement deux délégués titulaires par commune, sauf dispositions contraires qui peuvent être prévues par la décision institutive. Celle-ci peut également prévoir la désignation de délégués suppléants appelés à siéger au comité avec voix délibérative en cas d'empêchement des délégués titulaires.

Ce sont les conseils municipaux qui désignent leurs délégués au comité syndical. Les délégués peuvent être choisis **au sein** du conseil municipal ou **hors** du conseil municipal. Dans ce cas, la loi précise que « le choix du conseil peut porter sur tout citoyen réunissant les conditions requises pour faire partie d'un conseil municipal ».

La clause dérogatoire prévue en ce qui concerne la représentation des communes au comité porte uniquement sur une représentation différente des communes. Ainsi, au lieu de deux représentants par commune, il est possible de modifier cette répartition en intégrant des critères de pondération tels que la population, les ressources, etc.

Les modalités de la clause dérogatoire doivent être prévues par les statuts, approuvées par les conseils municipaux et mentionnées dans la décision institutive.

LA DISSOLUTION

Le syndicat est dissous, soit de plein droit à l'expiration de la durée prévue, soit par le consentement de tous les conseils municipaux.

Il peut être dissous soit sur la demande motivée de la majorité des conseils municipaux et l'avis de la commission permanente du conseil général par arrêté préfectoral, soit d'office par un décret rendu sur l'avis conforme du conseil général et du conseil d'État.

Un syndicat mixte ouvert peut également être dissous d'office ou à la demande des personnes morales membres par arrêté préfectoral motivé.

L'arrêté ou le décret de dissolution détermine, sous la réserve du droit des tiers, les conditions de liquidation, selon le principe général de retour aux communes d'origine des biens, équipements et services publics mis à disposition au moment du transfert et de la répartition entre les communes de ce qui a été acquis en commun.

Un syndicat qui n'exerce aucune activité depuis deux ans au moins peut être dissous par arrêté préfectoral, après avis de chacun de ses membres. À compter de la notification du préfet de son intention de dissoudre le syndicat, chaque membre dispose de trois mois pour se prononcer. À défaut d'avis, celui-ci est réputé émis. L'arrêté de dissolution détermine, sous la réserve des droits des tiers, les conditions de liquidation.

LE RETRAIT

Certaines règles de retrait, qui dérogent aux règles générales, sont spécifiques aux syndicats.

1 – Changement de réglementation

Le préfet peut, après avis de la commission départementale de la coopération intercommunale, autoriser le retrait d'une commune, si, par suite d'une modification de la réglementation ou de la situation de la commune au regard de cette réglementation, la participation de cette commune au syndicat est devenue sans objet (article L 5212-29 du CGCT). L'avis de la commission est réputé négatif s'il n'a pas été rendu à l'issue d'un délai de deux mois.

L'absence d'objet doit nécessairement et exclusivement résulter d'une modification législative ou réglementaire prise par une autorité extérieure au syndicat ou de la modification de la situation de cette commune au regard du droit applicable.

Les biens meubles et immeubles mis à la disposition du syndicat par la commune lui sont restitués, avec les droits et obligations qui s'y rattachent. Le solde de l'encours de la dette y afférent, qui aurait été transféré à l'EPCI et non remboursé à la date du retrait, est repris à la charge de la commune.

Les biens acquis ou réalisés par le syndicat postérieurement à l'adhésion de la commune, et les emprunts destinés à les financer, peuvent être partagés d'un commun accord entre les communes ou, à défaut d'accord, par le préfet.

2 – Adhésion à une communauté de communes

Le préfet peut autoriser une commune, après avis de la commission départementale de la coopération intercommunale réunie dans les mêmes conditions que précédemment, à se retirer d'un syndicat pour adhérer à une communauté de communes ou à retirer des compétences antérieurement transférées à un syndicat à la carte pour les transférer à une communauté de communes dont elle est membre (article L 5212-29-1 du CGCT).

L'avis de la commission est réputé négatif s'il n'a pas été rendu dans un délai de deux mois.

3 – Dispositions de nature à compromettre l'intérêt d'une commune

Ces dispositions ne s'appliquent qu'aux communes qui ont adhéré à un syndicat depuis au moins six ans (article L 5212-30 du CGCT).

Lorsqu'une commune estime que les dispositions statutaires relatives à la représentation des communes au comité syndical, ou aux compétences exercées par le syndicat, ou à la contribution des communes aux dépenses du syndicat, sont de nature à compromettre de manière essentielle son intérêt à participer à l'objet syndical, elle peut demander la modification des dispositions statutaires en cause dans les conditions prévues pour chacun des cas. À défaut de décision favorable dans un délai de six mois, la commune peut demander son retrait au préfet, après avis de la commission départementale de la coopération intercommunale. L'avis de la commission est réputé négatif s'il n'a pas été rendu dans un délai de deux mois.

LES EPCI À FISCALITÉ PROPRE

2

INTRODUCTION

À l'inverse des syndicats, les EPCI à fiscalité propre sont dotés de compétences obligatoires lourdes centrées sur le développement économique et destinées à structurer le territoire. Initiée depuis 1959 avec le district, cette intercommunalité s'est affirmée avec de plus en plus de compétences et de moyens financiers. Depuis 1992, et cela a été réaffirmé avec la loi de 1999, l'intercommunalité à fiscalité propre porte tout à la fois les espoirs des partenaires locaux et des pouvoirs publics de rationalisation d'un territoire structuré par un tissu communal dense et morcelé.

LES VILLES NOUVELLES

Introduction

L'organisation municipale classique n'a pas répondu aux besoins spécifiques du développement des agglomérations, parisienne notamment, bien que la fusion et la communauté urbaine, qui leurs étaient destinées, aient pu dans certains cas se révéler efficaces. Aussi le législateur a-t-il créé un outil juridique propre aux agglomérations qui ont connu une urbanisation accélérée : les villes nouvelles.

La création des villes nouvelles répondait à des objectifs précis : maîtriser le développement des banlieues en équilibrant le logement, les emplois et les équipements publics au sein des périmètres d'urbanisation, répondre de façon harmonieuse au développement exagéré de Paris et de l'agglomération parisienne.

Ainsi, le schéma directeur de l'agglomération parisienne de 1965 a retenu cinq villes nouvelles : Cergy-Pontoise, Evry, Marne-la-Vallée, Melun-Sénart et Saint-Quentin-en-Yvelines. En province, quatre sites ont été retenus : Lille-Est, Le Vaudreuil près de Rouen, L'Isle-d'Abeau près de Lyon et les Rives de l'Etang de Berre à Fos-sur-Mer.

Jusqu'en 1970, les villes nouvelles n'étaient pas dotées d'un statut particulier et uniforme, elles se développaient généralement à partir de missions d'étude ou d'agences foncières, transformées par la suite en « établissement public chargé de l'aménagement ». En région parisienne, Paul Delouvrier avait créé une Agence technique et foncière chargée de réguler la spéculation foncière.

La loi du 10 juillet 1970, dite « loi Boscher », s'est efforcée de définir et de faciliter la création des villes nouvelles jusqu'à ce que la loi du 13 juillet 1983 portant modification du statut des villes nouvelles, donne un véritable statut juridique à ces agglomérations nouvelles.

La terminologie doit être précisée : la ville nouvelle désigne le cadre juridique du regroupement des communes, l'agglomération nouvelle est la zone développée par l'établissement public d'aménagement. Ainsi, la ville nouvelle de Melun-Sénart comprend quatre agglomérations nouvelles.

La décision de création d'une agglomération nouvelle appartient à l'État. Elle est prise soit par le préfet si tous les conseils municipaux des communes concernées sont d'accord, soit par décret en Conseil d'État dans le cas contraire.

La loi de 1983 a défini les choix d'organisation institutionnels des agglomérations nouvelles selon diverses modalités : la fusion, la communauté d'agglomération nouvelle (CAN) ou le syndicat d'agglomération nouvelle (SAN). Le choix des conseils municipaux des communes concernées s'est porté sur le syndicat d'agglomération nouvelle, sauf ceux du secteur III de Marne-la-Vallée qui ont opté pour la fusion simple des portions de communes comprises dans le périmètre de l'agglomération nouvelle.

Le SAN est un EPCI qui se trouve dans une situation quelque peu particulière dès lors que, par hypothèse, sa durée de vie est limitée à celle de l'agglomération nouvelle. Le Code général des collectivités territoriales prévoit donc normalement la « fin du régime applicable aux agglomérations nouvelles ». Cependant, jusqu'à la loi du 12 juillet 1999, la disparition des SAN était de peu d'actualité. Or, le débat parlementaire de la loi de 1999 en a introduit le sujet, et le parlement a voté une complète réactualisation de la disparition programmée des SAN, en établissant une passerelle logique entre les SAN et les communautés d'agglomération, complétée par la loi du 27 février 2002 relative à la démocratie de proximité. En 2004, il n'y a plus que six SAN sur neuf communautés d'agglomération en 2001.

Description des SAN

Le SAN est un EPCI qui regroupe les communes constituant l'agglomération nouvelle. Les SAN, qui ont assuré des investissements très importants, ont structurellement tendance à un fort endettement.

De manière générale, les SAN fonctionnent selon les dispositions applicables aux syndicats de communes, sauf en ce qui concerne la répartition des sièges en l'absence d'accord entre les communes et le retrait de communes qui est assujetti à une procédure lourde (cf. *infra*).

Un SAN est administré par un comité composé de membres élus par les conseils municipaux des communes constituant l'agglomération nouvelle. La répartition des sièges entre les communes est fixée par la décision institutive. Toutefois, chaque commune est représentée par deux délégués au moins et aucune ne peut disposer de la majorité absolue, à moins que le syndicat ne soit composé que de deux communes. La répartition tient compte notamment de la population de chacune des communes.

Le SAN exerce les compétences des communes en matière de programmation et d'investissement dans les domaines de l'urbanisme, du logement, des transports, des réseaux divers et de la création des voies nouvelles et du développement économique.

En matière d'urbanisme, qui est la compétence fondatrice du SAN, l'EPCI a la responsabilité de l'élaboration des schémas directeurs. Lorsqu'il n'y a pas de schéma directeur approuvé qui prenne en compte le programme d'opération d'intérêt général de l'agglomération nouvelle, c'est le SAN qui exerce les compétences des communes en ce qui concerne l'élaboration des plans d'occupation des sols.

Les biens, immeubles et meubles, faisant partie du domaine public des communes membres sont affectés au SAN dans la mesure où ils sont nécessaires à l'exercice de ses compétences.

Le SAN est substitué de plein droit pour l'exercice de ses compétences aux communes membres qui font partie d'un EPCI lorsque celui-ci comprend des communes extérieures à l'agglomération nouvelle.

Modifications de fonctionnement

ADMISSION DE NOUVELLES COMMUNES

Une commune peut, sur sa demande, être admise à faire partie du SAN. La décision d'admission est prise par décret en Conseil d'État, sur proposition du préfet, après avis conforme du comité syndical et de la majorité des conseils municipaux des communes membres représentant au moins la moitié de la population.

Les conditions financières et patrimoniales de l'admission d'une commune au sein du SAN font l'objet d'une convention entre l'État, le SAN et la commune.

RETRAIT DE COMMUNES

De même, la décision de retrait d'une commune membre d'un SAN est prise par décret en Conseil d'état, sur proposition du préfet, après avis conforme du comité syndical et des conseils municipaux des communes membres obtenu à la majorité des deux tiers et représentant plus de la moitié de la population ou la moitié des conseils municipaux représentant plus des deux tiers de la population.

Transformation des SAN

C'est sur proposition ou après avis du comité du SAN qu'un décret fixe, pour chaque agglomération nouvelle, la date à laquelle les opérations de construction et d'aménagement sont considérées comme terminées. Dans le délai d'un mois à compter de la date fixée par le décret, le périmètre d'urbanisation, qui avait créé l'agglomération nouvelle, est abrogé par le préfet.

Dans le délai d'un an suivant la date de publication de ce décret, le SAN qui remplit les conditions nécessaires (territoire continu et sans enclave d'au moins 50 000 habitants autour d'une ou plusieurs communes de plus de 15 000 habitants ou comprenant le chef-lieu du département), peut être transformé en communauté d'agglomération, par décision prise à la majorité des membres du comité, s'il exerce les compétences propres à ce nouvel EPCI (cf. *infra*). Si, en revanche, le SAN n'exerce pas la totalité des compétences requises, la transformation peut être décidée à la majorité qualifiée requise pour la création d'un EPCI, sur proposition du comité adressée au préfet.

Chaque conseil municipal dispose alors d'un délai de trois mois, à compter de la notification au maire de la délibération du comité. À défaut de réponse, la décision est réputée favorable.

La transformation est alors prononcée par arrêté préfectoral. Il y a substitution de l'ancien EPCI au nouveau sur tous les plans, y compris en ce qui concerne les compétences exercées par le SAN et qui n'entrent pas dans les compétences de la communauté d'agglomération. Le périmètre d'urbanisation est alors abrogé par arrêté préfectoral.

Si la proposition de transformation est rejetée, le SAN se maintient en tant que tel.

Par ailleurs, la loi (art. L 5341-3 du CGCT) dispose que le périmètre d'une agglomération nouvelle dont les opérations de construction et d'aménagement sont déclarées terminées et dont le comité propose la transformation en communauté d'agglomération, peut être étendu selon la procédure de transformation, extension prévue à l'article L 5211-41-1 (cf. *supra*), ou selon la procédure de fusion d'EPCI prévue à l'article L 5211-41-3 (cf. *infra*). La proposition de transformation et le projet d'extension font l'objet de la même notification aux communes membres. L'extension du périmètre entraîne, entre toutes les communes, une nouvelle répartition des sièges au conseil du nouvel établissement ainsi qu'une nouvelle élection de l'ensemble des délégués des communes.

LES COMMUNAUTÉS URBAINES

Introduction

La communauté urbaine a été créée par la loi du 31 décembre 1966 (loi n°66-1069). Cette même loi a institué dans la foulée les quatre premières communautés urbaines, rares exemples de création autoritaire d'EPCI : Bordeaux, Strasbourg, Lyon et Lille. Peu après, cinq autres communautés urbaines se sont créées volontairement : Brest, Cherbourg, Dunkerque, Creusot-Montceau-les-Mines et Le Mans. À partir de 1995, Nancy, Arras et Alençon ont rejoint le club restreint des communautés urbaines, composé donc de douze membres jusqu'en 1999.

La loi de 1966 avait doté de plein droit les communautés urbaines des compétences les plus importantes en matière d'aménagement et de développement d'équipements et d'infrastructures, créant par-là même un véritable niveau d'administration.

Les caractéristiques générales de la communauté urbaine reposent sur une intégration très forte des communes membres, en terme de compétences, notamment, mais également en terme d'implication des communes dans la vie communautaire, ainsi, par exemple, il n'y a pas de retrait possible.

Les communautés urbaines, qui se définissent volontiers comme la forme la plus achevée de l'intercommunalité, étaient destinées à l'origine et comme leur nom l'indique, à structurer l'urbain, un seuil de 50 000 habitants étant nécessaire à leur création. La loi de 1992 a ramené à 20 000 habitants le seuil de création, l'alignant sur celui des communautés de villes, ce qui a contribué à faire perdre le rôle privilégié de structuration des grandes agglomérations initialement dévolu aux communautés urbaines.

La loi de 1999 impulse à nouveau ce rôle en le radicalisant puisque désormais les nouvelles communautés urbaines seront l'instrument de développement des agglomérations d'au moins 500 000 habitants. La loi permet aux communautés urbaines d'atteindre cet objectif par des compétences renforcées, accompagnées à titre obligatoire de la taxe professionnelle unique, ce qui fait de cet EPCI la structure intercommunale la plus intégrée.

Les nouvelles communautés urbaines

CRÉATION

La communauté urbaine issue de la loi de 1999 est un EPCI regroupant plusieurs communes, d'un seul tenant et sans enclave, « **formant, à la date de la création, un ensemble de plus de 500 000 habitants. L'association des communes en communauté urbaine est destinée, au sein d'un espace de solidarité, à élaborer et à conduire ensemble un projet commun de développement urbain et d'aménagement de leur territoire** ». Elle est créée sans limitation de durée et peut s'étendre sur plusieurs départements.

La procédure de création ne comporte pas de disposition spécifique par rapport au droit commun. Elle est créée sans limitation de durée et peut s'étendre, le cas échéant, sur plusieurs départements.

FONCTIONNEMENT

La communauté urbaine est administrée par un conseil composé de délégués des communes, dont le nombre est fixé, dans un délai de trois mois à compter de la notification de l'arrêté de périmètre, soit par accord amiable des conseils municipaux des communes, soit conformément au tableau ci-après :

Nombre de communes	**Population municipale totale de l'agglomération**			
	200 000 au plus	200 001 à 600 000	600 001 à 1 000 000	Plus de 1 000 000
20 au plus	50	80	90	120
De 21 à 50	70	90	120	140
Plus de 50	90	120	140	155

Dans les communautés urbaines qui comportent plus de soixante-dix-sept communes, le nombre de délégués est égal à deux fois le nombre de communes représentées.

La répartition des sièges est établie, dans le même délai que précédemment, soit par accord amiable des conseils municipaux des communes, soit un siège est attribué à chaque commune membre de la communauté.

Les sièges restant à pourvoir, auxquels seules les communes dont la population est supérieure au quotient obtenu en divisant la population par le nombre de sièges restant à pourvoir participent, sont répartis suivant le système de la représentation proportionnelle à la plus forte moyenne.

COMPÉTENCES

La communauté urbaine exerce de plein droit, au lieu et place des communes membres, les six blocs de compétences suivants :

1°) en matière de développement et d'aménagement économique, social et culturel de l'espace communautaire :
– création, aménagement, entretien et gestion de zones d'activité industrielle, commerciale, tertiaire, artisanale, touristique, portuaire ou aéroportuaire ;
– actions de développement économique ;
– construction ou aménagement, entretien, gestion et animation d'équipements, de réseaux d'équipements ou d'établissements culturels, socio-culturels, socio-éducatifs, sportifs, lorsqu'ils sont d'intérêt communautaire ;
– lycées et collèges dans les conditions fixées dans les lois du 7 janvier et du 22 juillet 1983 ;

2°) en matière d'aménagement de l'espace communautaire : schéma directeur et schéma de secteur. La loi du 13 décembre 2000 relative à la solidarité et au renouvellement urbains (SRU)[1] a prévu que les EPCI compétents en matière de schéma directeur l'étaient en matière de schémas de cohérence territoriale (SCOT). Plan d'occupation des sols et documents d'urbanisme en tenant lieu ; création et réalisation de zones d'aménagement concerté d'intérêt communautaire ; et après avis des conseils municipaux, constitution de réserves foncières d'intérêt communautaire ;

1. La loi SRU réorganise le droit de l'urbanisme de la façon suivante :

Ancien droit de l'urbanisme	Nouveaux documents d'urbanisme	Définition
Schémas directeurs	Schémas de cohérence territoriale (SCOT) Art. L 122-1	Document de planification stratégique d'une agglomération pour une mise en œuvre des politiques sectorielles en matière d'urbanisme, d'habitat, de déplacements et d'équipements commerciaux.
Plan d'occupation des sols	Plans locaux d'urbanisme (PLU) Art. L 123-1	Cadre de cohérence des différentes actions d'aménagement et document du droit des sols (plans d'urbanisme).
Cartes communales	Cartes communales (CC) Art. L 124-1	Document d'urbanisme précisant les modalités d'application des règles d'urbanisme.

– organisation des transports urbains au sens de la loi du 30 décembre 1982 ; création ou aménagement et entretien de la voirie ; signalisation ; parcs de stationnement ;
– prise en considération d'un programme d'aménagement d'ensemble et détermination des secteurs d'aménagement au sens du Code de l'urbanisme.

3°) en matière d'équilibre social de l'habitat sur le territoire communautaire :
– programme local de l'habitat ;
– politique du logement d'intérêt communautaire ; politique du logement social ; action en faveur du logement des personnes défavorisées par des opérations d'intérêt communautaire ;
– opérations programmées d'amélioration de l'habitat, actions de réhabilitation et résorption de l'habitat insalubre, lorsqu'elles sont d'intérêt communautaire ;

4°) en matière de politique de la ville dans la communauté :
– dispositifs contractuels de développement urbain, de développement local et d'insertion économique et sociale ;
– dispositifs locaux de prévention de la délinquance ;

5°) en matière de gestion des services d'intérêt collectif :
– assainissement et eau ;
– création et extension des cimetières créés, crématoriums ;
– abattoirs, abattoirs marchés et marchés d'intérêt national ;
– services d'incendie et de secours (dans les conditions fixées au chapitre IV, titre II, livre IV, première partie du CGCT).

6°) en matière de protection et mise en valeur de l'environnement et de politique du cadre de vie :
– élimination et valorisation des déchets des ménages et déchets assimilés ;
– lutte contre la pollution de l'air ;
– lutte contre les nuisances sonores.

Lorsque l'exercice de ces compétences est subordonné à la reconnaissance de leur intérêt communautaire, cet intérêt est déterminé à la majorité des deux tiers du conseil de la communauté urbaine.

Par ailleurs, la communauté urbaine peut, par convention, exercer pour le département tout ou partie des compétences d'aide sociale que celui-ci lui confie.

Les communautés urbaines ont bien entendu la possibilité d'ajouter à leurs compétences obligatoires toutes autres compétences de leur choix.

Procédure d'admission de nouvelles communes

Le périmètre de l'agglomération dans laquelle la communauté urbaine exerce ses compétences peut être ultérieurement étendu, par arrêté préfectoral, par adjonction de communes nouvelles, soit à la demande de leurs conseils municipaux, soit sur l'initiative du conseil communautaire (art. L 5215-40 du CGCT).

La modification est subordonnée dans le premier cas à l'accord du conseil de communauté et dans le second cas à celui du ou des conseils municipaux intéressés.

Dans un tel cas de figure, le conseil de communauté peut être composé, jusqu'à son prochain renouvellement général, par un nombre de délégués supérieur à celui normalement prévu. Ce nombre, fixé de telle sorte que chaque nouvelle commune dispose au moins d'un siège, est arrêté par accord des deux tiers au moins des conseils municipaux des communes intéressées représentant plus de la moitié de la population totale ou l'inverse. La majorité qualifiée comprend nécessairement le conseil municipal de la commune dont la population est supérieure à la moitié de la population totale ou, à défaut, de la commune dont la population est la plus importante.

Dissolution

La communauté urbaine peut être dissoute sur la demande des conseils municipaux statuant par un vote des deux tiers au moins des conseils municipaux des communes intéressées représentant plus de la moitié de la population totale ou de la moitié au moins des conseils municipaux des communes représentant les deux tiers de la population. Cette majorité doit en outre comprendre le conseil municipal de la commune dont la population est supérieure à la moitié de la population totale agglomérée. La dissolution est prononcée par décret en conseil des ministres.

Un décret en Conseil d'État détermine, sous réserve du droit des tiers, les conditions de liquidation, selon le principe général de retour aux communes d'origine des biens, équipements et services publics mis à disposition au moment du transfert et de la répartition entre les communes de ce qui a été acquis en commun.

La répartition des personnels entre les communes et, le cas échéant, les EPCI concernés, se fait également par un décret en Conseil d'État sur proposition d'une commission. Il est obligatoirement tenu compte des droits acquis et il ne peut pas être procédé à un dégagement des cadres.

Les douze communautés urbaines créées avant 1999

L'ensemble de la nouvelle législation applicable sur le plan institutionnel aux communautés urbaines ne s'impose pas aux douze premières communautés urbaines. Elles ont néanmoins, pour la plupart, évolué selon la législation de 1999.

LES COMMUNAUTÉS D'AGGLOMÉRATION

Introduction

Destinée à structurer l'urbain, la communauté d'agglomération doit répondre à des conditions exigeantes, davantage encore que celles de la communauté de villes à laquelle elle succède, à la fois en terme de démographie et de compétences.

Principale innovation de la loi du 12 juillet 1999, la communauté d'agglomération est construite à partir de critères qui la rendent susceptible de couvrir le territoire national. La notion d'agglomération, comme celle de milieu urbain, n'a pas de définition législative. C'est donc la loi qui la définit à partir d'une double condition de population et d'un champ de compétences. Les communautés d'agglomération reposent sur une nouvelle nomenclature spatiale, élaborée par l'INSEE, **les aires urbaines**. L'aire urbaine se définit comme « *un ensemble de communes d'un seul tenant et sans enclave, constituée par un pôle urbain qui rassemble au moins 5 000 emplois et par des communes rurales ou unités urbaines dont au moins 40 % de la population résidente ayant un emploi travaille dans le pôle ou les communes attirées par celui-ci* ». Au moment de l'élaboration de la loi de 1999, la France métropolitaine compte 361 aires urbaines (recensement 1990[2]) qui regroupent près des trois quarts de la population, soit 41 millions d'habitants. Parmi ces aires urbaines, la loi a resserré sa cible sur celles qui présentaient un caractère urbain plus important en terme de population, de développement économique et de services à la population. Ainsi, une cartographie simulée des communautés d'agglomération montre que 141 aires urbaines répondent au double critère 50 000 / 15 000, soit près de 8 370 communes pour 37 millions d'habitants environ.

La loi du 25 juin 1999 d'orientation pour l'aménagement et le développement durable du territoire a introduit la notion de « **projet d'agglomération** » dérivée de cette définition. Le projet d'agglomération doit déterminer, d'une part, les orientations que se fixe l'agglomé-

2. 142 aires urbaines ont été dénombrées au recensement 1999.

ration en matière de développement économique et de cohésion sociale, d'aménagement et d'urbanisme, de transport et de logement, de politique de la ville, de politique de l'environnement et de gestion des ressources conformément aux engagements internationaux du sommet de Rio de 1992, et d'autre part, les mesures d'application de ces orientations. Au sein d'une aire urbaine retenue pour la définition d'une communauté d'agglomération, ce sont les EPCI compétents en matière d'aménagement de l'espace et de développement économique, s'il en existe, et les communes extérieures qui souhaitent s'y associer, qui élaboreront ensemble le projet d'agglomération.

La communauté d'agglomération est un EPCI qui a pour objectif d'associer des communes « ***au sein d'un espace de solidarité, en vue d'élaborer et conduire ensemble un projet commun de développement urbain et d'aménagement de leur territoire*** ». La loi fixe pour ce faire un double objectif démographique à la communauté d'agglomération, qui doit regrouper plusieurs communes formant un ensemble de plus de 50 000 habitants, d'un seul tenant et sans enclave, autour d'une ou plusieurs communes centre de plus de 15 000 habitants. Ce seuil de 15 000 habitants ne s'applique pas si la communauté d'agglomération comprend le chef-lieu du département (mesure introduite par la discussion parlementaire au Sénat) ou la commune la plus importante du département (mesure introduite par la loi du 27 février 2002 relative à la démocratie de proximité).

Cependant, il est bien évident que les seuils démographiques retenus n'imposent pas la création de communautés d'agglomération, même si celle-ci est recommandée, et que des EPCI répondant à ces critères démographiques pourraient, le cas échéant, se constituer en communautés de communes. Les souhaits de réussite d'un tel développement, à la fois cohérent et exigeant, ne peuvent évidemment apporter de certitudes à l'heure actuelle.

La loi précise en outre que le périmètre d'une communauté d'agglomération ne peut comprendre une commune déjà membre d'un EPCI à taxe professionnelle unique au 1er janvier 1999, si le conseil municipal de la commune concernée a émis une délibération défavorable à l'arrêté de périmètre, ou, si plus du quart des conseils municipaux des communes membres de l'EPCI existant s'oppose au retrait de la commune.

La communauté d'agglomération est fixée sans limitation de durée ; elle peut s'étendre, le cas échéant, sur plusieurs départements.

Fonctionnement

Dans un délai de trois mois à compter de la notification de l'arrêté de périmètre, le nombre et la répartition des sièges au sein du conseil communautaire sont fixés :

– soit par accord amiable des conseils municipaux des communes intéressées ;
– soit en fonction de la population, par décision des conseils municipaux des communes intéressées dans les conditions de majorité requise pour la création de la communauté d'agglomération.

Dans les deux cas, chaque commune dispose au minimum d'un siège et aucune commune ne peut disposer de plus de la moitié des sièges. La décision institutive ou une décision modificative peut prévoir la désignation d'un ou plusieurs délégués suppléants, appelés à siéger au conseil avec voix délibérative en cas d'empêchement du ou des titulaires.

Compétences

La communauté d'agglomération est spécifiquement destinée à servir les intérêts économiques et d'aménagement du territoire urbain. Inspirée en cela de l'ancienne communauté de villes, elle dispose néanmoins de compétences recentrées sur le développement urbain ; ainsi, logement social ou politique de la ville figurent clairement dans ses compétences.

La loi du 25 juin 1999 d'orientation pour l'aménagement et le développement durable du territoire précise[3] que pour la conclusion de contrat particulier en application des **contrats de plan État-régions**, les agglomérations devront s'être constituées en EPCI à taxe professionnelle unique d'au moins 50 000 habitants et comprenant une ou plusieurs communes centre de plus de 15 000 habitants. À titre transitoire, les communes et les EPCI compétents en matière d'aménagement de l'espace et de développement économique des agglomérations qui ne seraient pas ainsi constituées, pourront conclure ce contrat particulier. Mais, par sa signature, ils s'engagent à se regrouper, avant son échéance, au sein d'un EPCI à taxe professionnelle unique d'au moins 50 000 habitants et comprenant une ou plusieurs communes centre de plus de 15 000 habitants. Cet EPCI est seul habilité à engager l'agglomération lors du renouvellement du contrat.

Lorsqu'il est spécifié que l'exercice des compétences est subordonné à la reconnaissance de leur intérêt communautaire, cet intérêt est déterminé à la majorité des deux tiers du conseil de l'EPCI (cf. *supra*).

LES QUATRE BLOCS DE COMPÉTENCES OBLIGATOIRES

La communauté d'agglomération exerce de plein droit au lieu et place des communes membres, les compétences suivantes :

3. Article 26.

– en matière de développement économique, la communauté est compétente en ce qui concerne la création, l'aménagement, l'entretien et la gestion de zones d'activité industrielle, commerciale, tertiaire, artisanale, touristique, portuaire ou aéroportuaire qui sont d'intérêt communautaire et en ce qui concerne les actions de développement économique d'intérêt communautaire ;
– en matière d'aménagement de l'espace communautaire, elle est compétente sur le schéma directeur et le schéma de secteur, sur la création et la réalisation de zones d'aménagement concerté d'intérêt communautaire, et sur l'organisation des transports urbains au sens de la loi du 30 décembre 1982. Ces compétences concernent l'urbanisme prévisionnel et les opérations d'aménagement définies par le Code de l'urbanisme, récemment modifiés par la loi du 13 décembre 2000 relative à la solidarité et au renouvellement urbains (SRU[4]). Lorsque l'organisation du transport scolaire dans le périmètre d'une communauté d'agglomération relevait, antérieurement à sa création, du seul département, la communauté d'agglomération peut, par voie conventionnelle, transférer cette compétence au département ;
– en matière d'équilibre social de l'habitat sur le territoire communautaire, ses compétences sont axées sur l'habitat social. Ainsi, elle est compétente sur le programme local de l'habitat ; sur la politique du logement, notamment du logement social, d'intérêt communautaire et sur l'action, par des opérations d'intérêt communautaire, en faveur du logement des personnes défavorisées ; ainsi que sur l'amélioration du parc immobilier bâti d'intérêt communautaire ;
– en matière de politique de la ville, la communauté est compétente en ce qui concerne les dispositifs contractuels de développement urbain, de développement local et d'insertion économique et sociale d'intérêt communautaire ; ainsi que les dispositifs locaux, d'intérêt communautaire, de prévention de la délinquance.

LES TROIS AUTRES COMPÉTENCES OBLIGATOIRES

La communauté d'agglomération doit en outre exercer dans les mêmes conditions au moins trois compétences relevant des cinq groupes suivants[5] :

4. Cf. note sur la loi SRU dans le chapitre relatif aux communautés urbaines.
5. Pour son application aux communes des départements de la Moselle, du Bas-Rhin et du Haut-Rhin, une sixième compétence est ajoutée, relative à la construction et à l'entretien des bâtiments affectés aux cultes dont les ministres sont salariés par l'Etat. Dans ce cas, la communauté d'agglomération doit exercer au moins quatre compétences sur six.

– création ou aménagement et entretien de voirie d'intérêt communautaire ; création ou aménagement et gestion de parcs de stationnement d'intérêt communautaire ;
– assainissement (il s'agit de l'assainissement collectif et non collectif) ;
– eau (cette compétence désigne le service de la distribution d'eau potable et tous travaux concernant la gestion des eaux, dans les conditions fixées par l'article 31 de la loi n° 92-3 du 3 janvier 1992 sur l'eau ;
– protection et mise en valeur de l'environnement et du cadre de vie, lutte contre la pollution de l'air, lutte contre les nuisances sonores, élimination et valorisation des déchets ménagers et déchets assimilés ou partie de cette compétence (article 2224-13 du CGCT) ;
– construction, aménagement, entretien et gestion d'équipements culturels et sportifs d'intérêt communautaire.

Le choix de ces compétences est arrêté par décision des conseils municipaux des communes intéressées à la majorité qualifiée requise pour la création.

Les communautés d'agglomération peuvent évidemment choisir toutes autres compétences de leur choix.

Par ailleurs, la communauté d'agglomération peut, par convention, exercer pour le département tout ou partie des compétences d'aide sociale que celui-ci lui confie.

Elle peut attribuer des fonds de concours à ses communes membres pour contribuer à la réalisation ou au fonctionnement d'équipements dont l'utilité dépasse manifestement l'intérêt communal.

Dissolution

La communauté d'agglomération peut être dissoute, par décret en Conseil d'État, sur la demande des conseils municipaux statuant par un vote des deux tiers au moins des conseils municipaux des communes intéressées représentant plus de la moitié de la population agglomérée ou de la moitié au moins des conseils municipaux des communes représentant les deux tiers de la population agglomérée. Cette majorité doit en outre comprendre le conseil municipal de la commune dont la population est supérieure à la moitié de la population totale agglomérée.

Ce décret détermine, sous réserve du droit des tiers, les conditions de liquidation, selon le principe général de retour aux communes d'origine des biens, équipements et services publics mis à disposition au moment du transfert et de la répartition entre les communes de ce qui a été acquis en commun.

La répartition des personnels entre les communes est soumise, pour avis, aux commissions administratives paritaires compétentes. Elle ne peut donner lieu à un dégagement des cadres. Les personnels concernés sont nommés dans un emploi du même niveau et en tenant compte de leurs droits acquis. Les communes attributaires supportent les charges financières correspondantes.

LES COMMUNAUTÉS DE COMMUNES

Introduction

La communauté de communes est un EPCI regroupant plusieurs communes, **d'un seul tenant et sans enclave**. La notion de continuité territoriale, qui a été introduite par la loi de 1999, n'est pas exigée pour les communautés de communes existant à la date de publication de la loi, ou issues de la transformation d'un district ou d'une communauté de villes.

Elle est créée soit sans fixation de terme, soit pour une durée déterminée dans la décision institutive. Elle peut, le cas échéant, s'étendre sur plusieurs départements.

La communauté de communes a pour objet « ***d'associer des communes au sein d'un espace de solidarité, en vue de l'élaboration d'un projet commun de développement et d'aménagement de l'espace*** ».

Destinée, depuis 1992, à structurer en priorité le monde rural et les petites villes, la communauté de communes est aujourd'hui recentrée sur cette vocation première. C'est en effet une structure particulièrement souple et aux règles institutionnelles peu contraignantes, notamment en matière de délégation de compétences, puisque leur contenu effectif est déterminé par les communes. Néanmoins, la loi de 1999 donne la possibilité à certaines communautés de communes de structurer un territoire à partir d'une intercommunalité aussi exigeante que celle des communautés d'agglomération.

Fonctionnement

La communauté de communes est administrée par un conseil composé de délégués des communes adhérentes.

Dans un délai de trois mois à compter de la notification de l'arrêté de périmètre, le nombre et la répartition des sièges au sein du conseil communautaire sont fixés :
– soit par accord amiable des conseils municipaux des communes intéressées ;

– soit en fonction de la population, par décision des conseils municipaux des communes intéressées dans les conditions de majorité qualifiée requise pour la création.

Dans les deux cas, chaque commune dispose au minimum d'un siège, aucune commune ne pouvant disposer de plus de la moitié des sièges.

Compétences

Les compétences obligatoires de la communauté de communes ne forment pas des blocs précisément définis comme dans le cas des communautés urbaines et des communautés d'agglomération. Les communautés de communes ont bien des compétences obligatoires, mais, au-delà de l'étiquette, la définition de ces compétences est laissée à l'appréciation de la communauté et donc des communes membres. La souplesse institutionnelle du groupement est au cas particulier très grande.

Par conséquent, aux termes de la loi, la communauté de communes exerce de plein droit au lieu et place des communes membres, pour la conduite d'actions d'intérêt communautaire, des compétences relevant de chacun des deux groupes suivants :
– 1° aménagement de l'espace ;
– 2° actions de développement économique intéressant l'ensemble de la communauté.

Quand la communauté de communes opte pour le régime fiscal de taxe professionnelle unique, l'aménagement, la gestion et l'entretien des zones d'activité industrielle, commerciale, tertiaire, artisanale, touristique, portuaire ou aéroportuaire d'intérêt communautaire sont inclus dans cette compétence.

La communauté de communes doit par ailleurs exercer dans les mêmes conditions des compétences relevant au moins de l'un des quatre groupes suivants :
– 1° protection et mise en valeur de l'environnement, le cas échéant dans le cadre de schémas départementaux ;
– 2° politique du logement et du cadre de vie ;
– 3° création, aménagement et entretien de la voirie ;
– 4° construction, entretien et fonctionnement d'équipements culturels et sportifs et d'équipements de l'enseignement préélémentaire et élémentaire.

La définition des compétences transférées ainsi que l'intérêt communautaire des compétences exercées au sein de chacun des groupes est fixée par la majorité qualifiée requise pour la création.

Le cas échéant, la communauté de communes peut, comme tout groupement, choisir des compétences facultatives librement déterminées.

Les communautés de communes et leurs communes membres peuvent conclure des conventions par lesquelles l'une d'elles confie à l'autre la création ou la gestion de certains équipements ou services relevant de ses attributions.

Les « super » communautés de communes

La loi de 1999 a déterminé une catégorie à part de communautés de communes, fortement intégrées sur le plan institutionnel et fiscal et relevant à ce titre d'une dotation globale de fonctionnement bonifiée (cf. *infra*).

Ces communautés de communes, définies à l'article L 5214-23-1 du CGCT, ne doivent pas réunir les conditions qui leur permettraient de se transformer en communautés d'agglomération. Ainsi, il s'agit des communautés de communes dont la population est comprise entre 3 500 et 50 000 habitants, ou bien, si la population est supérieure à 50 000 habitants, n'incluant pas de commune centre ou de commune chef-lieu de département de plus de 15 000 habitants. Elles doivent en outre être obligatoirement dotées du régime fiscal de taxe professionnelle unique et exercer au moins quatre des six groupes de compétences suivants :
– en matière de développement économique, aménagement, entretien et gestion de zones d'activité industrielle, commerciale, tertiaire, artisanale ou touristique qui sont d'intérêt communautaire ; actions de développement économique ;
– en matière d'aménagement de l'espace communautaire, schéma directeur et schéma de secteur, aménagement rural ; zones d'aménagement concerté d'intérêt communautaire ;
– création ou aménagement et entretien de voirie d'intérêt communautaire ;
– politique du logement social d'intérêt communautaire et action, par des opérations d'intérêt communautaire, en faveur du logement des personnes défavorisées ;
– élimination et valorisation des déchets ménagers et déchets assimilés ;
– en matière de développement et d'aménagement sportif de l'espace communautaire : construction, aménagement, entretien, gestion des équipements sportifs d'intérêt communautaire.

Lorsque l'ensemble de ces conditions est réuni, ces « super » communautés de communes sont éligibles à une dotation bonifiée de DGF, que la loi de 1999 avait fixé au départ à 175 francs en moyenne par habitant (année 2000). L'éligibilité à cette dotation est constatée à la date à laquelle la communauté de communes remplit l'ensemble des conditions requises, par arrêté préfectoral.

La liste des communautés de communes existant à la date de publication de la loi du 12 juillet 1999 et qui remplissent ces conditions a été dressée dans chaque département par arrêté préfectoral avant le 31 décembre 1999.

Retrait

Par dérogation aux règles de droit commun régissant le retrait de communes, une commune peut être autorisée par le préfet, après avis de la CDCI, à se retirer d'une communauté de communes pour adhérer à un autre EPCI à fiscalité propre dont le conseil communautaire a accepté la demande d'adhésion (art. L 5214-26 du CGCT). L'avis de la CDCI est réputé négatif s'il n'a pas été rendu à l'issue d'un délai de deux mois.

En cas de retrait selon cette procédure, l'EPCI à taxe professionnelle unique peut, sur délibération de l'organe délibérant statuant à la majorité simple, voter un taux de taxe professionnelle dans la limite du taux moyen pondéré de la taxe professionnelle effectivement appliqué l'année précédente dans les communes membres, à l'exclusion de la commune qui s'est retirée (art. 1638 *quinquies* du CGI). La procédure d'intégration fiscale progressive est applicable.

Dissolution

La communauté de communes **est** dissoute :
– soit de plein droit à l'expiration de la durée fixée par la décision institutive ;
– soit par le consentement de tous les conseils municipaux intéressés.

Ceci étant, la communauté de communes **peut être** dissoute :
– soit sur la demande motivée de la majorité de ces conseils municipaux, par arrêté préfectoral ;
– soit, lorsque la communauté de communes a opté pour le régime fiscal de taxe professionnelle unique, sur la demande des conseils municipaux dans les conditions de majorité requises pour la création, par arrêté préfectoral ;
– soit d'office par un décret rendu sur l'avis conforme du conseil général et du Conseil d'État.

L'arrêté de dissolution détermine, sous réserve du droit des tiers, les conditions de liquidation, selon le principe général de retour aux communes d'origine des biens, équipements et services publics mis à disposition au moment du transfert et de la répartition entre les communes de ce qui a été acquis en commun.

La communauté de communes qui n'exerce aucune activité depuis deux ans au moins peut être dissoute par arrêté du ou des représentants de l'état dans le ou les départements concernés après avis des conseils municipaux des communes membres.

TROISIÈME PARTIE LES RELATIONS INSTITUTIONNELLES ENTRE EPCI

3

INTRODUCTION

Les transferts de compétences entre les communes et un EPCI à fiscalité propre ont inévitablement des conséquences sur l'appartenance de ces communes à d'autres EPCI. Or, si les communes ne peuvent appartenir qu'à un seul EPCI à fiscalité propre, elles appartiennent en général à plusieurs EPCI sans fiscalité propre de type syndical. Il était donc nécessaire que la loi réglemente, voire clarifie dans certains cas, de manière précise, l'ensemble de ces relations. Celles-ci reposent sur des fondements juridiques tels que l'impossibilité de déléguer deux fois la même compétence ou d'en partager l'exercice. La simplification du domaine de définition des EPCI simplifie des relations jusqu'à présent complexes. Désormais, celles-ci se centrent sur les relations entre les EPCI à fiscalité propre et les syndicats et sur l'émergence d'un syndicat mixte[1] destiné à assurer la cœxistence des deux types d'EPCI.

RELATIONS ENTRE SYNDICATS ET COMMUNAUTÉS URBAINES OU COMMUNAUTÉS D'AGGLOMÉRATION

Identité de périmètre ou de compétences

L'EPCI à fiscalité propre est substitué de plein droit au syndicat de communes préexistant dont le périmètre est identique au sien, pour la totalité des compétences qu'il exerce. Dans ce cas, le syndicat disparaît. La substitution s'exerce dans les mêmes conditions que dans le cas d'une transformation (article L 5211-41).

1. Cf. Annuaire 2000 des collectivités locales, La réforme de l'intercommunalité, CNRS Éditions, M.-C. BERNARD-GÉLABERT, *Les structures syndicales après la réforme*.

L'EPCI à fiscalité propre est également substitué de plein droit, pour les compétences qu'il exerce, au syndicat de communes préexistant inclus en totalité dans son périmètre. Deux cas de figure peuvent se présenter : soit le syndicat n'exerce pas d'autres compétences et il disparaît, soit il en exerce d'autres et il se maintient pour exercer les compétences que l'EPCI à fiscalité propre n'exerce pas. Les compétences obligatoires et optionnelles de la communauté d'agglomération ou de la communauté urbaine sont retirées du syndicat.

Les délégués des communes à l'organe délibérant de l'ancien EPCI conservent leur mandat, pour la durée restant à courir, à l'organe délibérant du nouvel EPCI.

L'ensemble des biens, droits et obligations du syndicat préexistant, est transféré à l'EPCI à fiscalité propre.

Inclusion dans le périmètre d'un syndicat

Lorsqu'une communauté d'agglomération ou une communauté urbaine (créées *ex nihilo* ou issues d'une transformation) se trouvent incluses en totalité dans le périmètre d'un syndicat ou d'un syndicat mixte, cette création ou transformation vaut retrait du syndicat des communes membres de la communauté d'agglomération (article L 5216-7, I) ou de la communauté urbaine (article L 5215-22, I) pour les compétences obligatoires de la communauté d'agglomération ou de la communauté urbaine que le syndicat exerce.

À défaut d'accord entre l'organe délibérant du syndicat et le conseil municipal concerné sur la répartition des biens, elle est fixée par arrêté préfectoral.

Pour l'exercice des compétences transférées qui ne font pas partie des compétences obligatoires, la communauté d'agglomération ou la communauté urbaine sont substituées au sein du syndicat aux communes qui la composent. Cette disposition ne modifie pas les attributions du syndicat de communes, qui devient un syndicat mixte, ou du syndicat mixte. Elle n'en modifie pas non plus le périmètre d'exercice.

Chevauchement de périmètre

Lorsqu'une partie des communes d'un syndicat ou d'un syndicat mixte est associée avec des communes extérieures, au sein d'une communauté d'agglomération ou d'une communauté urbaine (créées *ex nihilo* ou issues d'une transformation), cette création ou transformation vaut retrait du syndicat des communes membres de la communauté d'agglomération ou de la communauté urbaine pour les compétences obligatoires de la communauté d'agglomération (article L 5216-7, II) ou de la communauté urbaine (article L 5215-22, II) que le syndicat exerce. Pour l'exercice des compétences transférées qui ne font pas partie des compétences obligatoires, la communauté d'agglomération ou la communauté urbaine sont substituées au sein du syndicat aux communes qui la composent (règle de représentation-substitution).

Lorsque le périmètre d'une communauté d'agglomération ou d'une communauté urbaine est étendu selon la procédure d'extension de périmètre visée à l'article L 5211-18 par adjonction de communes membres de syndicats ou de syndicats mixtes, cette extension vaut retrait des communes des syndicats, ou substitution de la communauté d'agglomération ou de la communauté urbaine selon qu'il s'agit de compétences obligatoires ou non.

Lorsque ce sont les compétences d'une communauté d'agglomération ou d'une communauté urbaine qui sont étendues, par la procédure visée à l'article L 5211-17, à des compétences antérieurement déléguées par tout ou partie des communes membres à des syndicats ou syndicats mixtes, la communauté d'agglomération ou la communauté urbaine sont substituées à ces communes au sein des syndicats, qui deviennent syndicats mixtes (sans modification des attributions ou du périmètre).

En ce qui concerne les douze communautés urbaines actuelles, celles-ci, qu'elles aient ou non utilisé la procédure d'extension de compétences (cf. *supra*), sont substituées, pour l'exercice de leurs seules compétences, aux communes qui en font partie lorsque celles-ci sont groupées avec des communes extérieures à la communauté. Cette disposition n'entraîne aucune modification d'attributions ou de périmètre des syndicats, qui deviennent des syndicats mixtes.

RELATIONS ENTRE SYNDICATS ET COMMUNAUTÉS DE COMMUNES

Identité de périmètre ou de compétences

La communauté de communes est substituée de plein droit au syndicat de communes préexistant dont le périmètre est identique au sien, pour la totalité des compétences qu'il exerce. Dans ce cas, le syndicat disparaît.

Si le syndicat préexistant est intégralement inclus dans le périmètre de la communauté de communes, celle-ci est substituée de plein droit au syndicat à identité de compétences. Comme dans le cas précédent, le syndicat disparaît.

Si le syndicat a des compétences plus larges que celles de la communauté de communes, il n'est pas, sauf demande de ses communes membres, dissous et la création de la communauté de communes est alors subordonnée à une procédure de réduction de compétences du syndicat dans les conditions de droit commun. Le raisonnement est identique lorsqu'une communauté de communes décide d'étendre ses compétences ou son périmètre.

Le personnel du syndicat est réputé relever du nouvel EPCI dans les conditions de statut et d'emploi qui sont les siennes.

Inclusion ou chevauchement de périmètre entre syndicat et communauté de communes

Lorsque la communauté de communes est incluse dans un syndicat préexistant ;
– lorsqu'il y a chevauchement de périmètre entre un syndicat et une communauté de communes ;
– lorsque un syndicat est inclus dans une communauté de communes ;
– la communauté de communes est substituée au sein du syndicat aux communes qui la composent selon la procédure de représentation – substitution (article L 5214-21).

C'est donc la communauté de communes qui devient membre du syndicat à la place des communes (qui devient ainsi syndicat mixte) et ce sont les délégués communautaires qui siègent au comité syndical à la place des conseillers municipaux. Cette disposition ne modifie en rien le périmètre d'exercice du syndicat ni ses compétences.

Toutefois, les communes peuvent se retirer du syndicat selon la procédure de droit commun (article L 5211-19) – c'est alors la communauté de communes qui exerce les compétences antérieurement exercées par le syndicat – ou selon la procédure particulière de l'article L 5212-29-1.

DISPOSITIONS COMMUNES

Lorsque, en application des dispositions précédentes, un EPCI se substitue à tout ou partie de ses communes membres au sein d'un syndicat, cet EPCI est représenté par un nombre de délégués égal au nombre de délégués dont disposaient les communes avant la substitution (art. L 5711-3 du CGCT).

À défaut de dispositions particulières dans les statuts, le nombre de sièges attribués aux EPCI qui se substituent à tout ou partie de leurs communes membres au sein du syndicat mixte, en application des dispositions précédentes, est égal au nombre de sièges dont disposaient les communes avant la substitution (art. L 5721-2 du CGCT).

QUATRIÈME PARTIE
LE FINANCEMENT DES EPCI

4

LES RÈGLES BUDGÉTAIRES

Un EPCI, en tant que personne morale, dispose d'un patrimoine et d'un budget. La plupart des dispositions relatives aux finances communales, qui figurent dans le CGCT, s'appliquent, à l'exception de quelques dispositions particulières, à cet établissement public. Ainsi, les spécificités en matière de débat d'orientation et de publicité des budgets et des comptes ne concernent que les EPCI qui comprennent au moins une commune d'au minimum 3 500 habitants.

Les lieux de mise à disposition du public sont le siège de l'EPCI et les mairies des communes membres.

Le budget, préparé par le président de l'EPCI, est présenté dans les mêmes formes que celui des communes. Il doit être voté par l'organe délibérant avant le 31 mars de l'exercice auquel il s'applique et le compte administratif de l'exercice précédent doit être arrêté avant le 1er octobre.

Une copie du budget et des comptes doit être adressée chaque année aux conseils municipaux des communes membres.

La loi de 1999 a introduit un ensemble de règles destinées à améliorer les relations de transparence entre l'EPCI et ses communes membres. Le président doit adresser chaque année, avant le 30 septembre, à chaque maire, un rapport retraçant l'activité de l'établissement, accompagné du compte administratif arrêté par l'organe délibérant.

Ce rapport fait l'objet d'une communication par le maire au conseil municipal en séance publique au cours de laquelle les délégués de la commune à l'EPCI sont entendus. Le président peut, en outre, être entendu par chaque conseil municipal, soit à sa propre demande, soit à celle du conseil municipal. Les délégués de la commune rendent compte au moins deux fois par an au conseil municipal de l'activité de l'EPCI.

Le président d'un EPCI à fiscalité propre consulte les maires des communes membres, à la demande de l'organe délibérant de l'EPCI ou du tiers des maires des communes membres.

LES DÉPENSES

Le budget des EPCI est destiné à pourvoir aux dépenses de création et d'entretien des établissements ou services pour lesquels il est constitué. Il lui permet donc d'assurer les dépenses d'investissement et de fonctionnement relatives aux compétences qui ont été transférées par les communes membres et de faire face aux dépenses de ses propres services techniques et administratifs.

Les dépenses d'investissement se déterminent en fonction des compétences. Il est fréquent que les EPCI engagent des dépenses d'infrastructures ou d'équipements intercommunaux importantes, notamment les syndicats institués pour des missions d'équipement, de voirie ou de transport scolaire par exemple, qui sont souvent financées par des emprunts. Les autres dépenses d'investissement correspondent à l'achat de matériels divers ainsi qu'au remboursement en capital des annuités de la dette contractée.

Les dépenses de fonctionnement, au départ moins importantes que celles des communes, inversent de plus en plus cette tendance avec le développement de l'intercommunalité à fiscalité propre. Elles correspondent en général aux postes de charges de personnel, d'entretien des bâtiments, infrastructures et matériels, d'achats divers de petits matériels, de charges d'assurance, etc.

En matière de contrôle budgétaire, le préfet a le même pouvoir qu'en ce qui concerne les budgets des communes, notamment, le cas échéant, celui d'inscrire les dépenses obligatoires.

En ce qui concerne les fonds de concours, après une période relativement floue sur le droit applicable, la loi du 13 août 2004 relative aux libertés et responsabilités locales a clarifié les principes. Ainsi, (CGCT, art. L 5214-16 pour les communautés de communes, L 5215-26 pour les communautés urbaines et L 5216-5 pour les communautés d'agglomération) afin de financer la réalisation ou le fonctionnement d'un équipement, des fonds de concours peuvent être versés entre la communauté et les communes membres après accords concordants exprimés à la majorité simple du conseil communautaire et des conseils municipaux concernés. Toutefois, le montant total des fonds de concours ne peut excéder la part du financement assurée, hors subvention, par le bénéficiaire du fonds de concours.

LES RECETTES

Les EPCI ont des ressources limitativement énumérées par la loi (Code général des collectivités territoriales). Leurs recettes, qui comprennent un certain nombre de ressources en commun (telles que le revenu de leurs biens, le produit des dons et legs, les emprunts, les subventions d'autres collectivités territoriales...), sont fondamentalement différentes selon qu'il s'agit d'EPCI sans fiscalité propre, de type syndical (dépourvus de fiscalité et de DGF), ou d'EPCI à fiscalité propre (dont les ressources principales sont constituées par la fiscalité et la DGF).

En outre, les EPCI à fiscalité propre ont la possibilité de percevoir certaines ressources fiscales, autres que les quatre taxes directes locales, qui sont mentionnées dans le Code général des impôts (cf. *infra*).

LE RÉGIME FISCAL DES EPCI SANS FISCALITÉ PROPRE

1

INTRODUCTION

Un syndicat de communes, quelle que soit sa forme, n'est jamais un groupement doté d'une fiscalité propre. Il est alimenté principalement par les participations des communes membres, participations qui peuvent revêtir deux formes différentes : ce sont soit des contributions budgétaires, soit des contributions fiscalisées. Le mécanisme de financement par contributions fiscalisées ne doit pas entraîner de confusion. La fiscalité propre est l'expression d'un pouvoir fiscal, qui se traduit par le vote des taux de fiscalité de la part des instances dirigeantes de l'EPCI à fiscalité propre à partir de ses propres bases de fiscalité. Or, en aucun cas les syndicats de communes ne peuvent prétendre à l'exercice de ce pouvoir fiscal.

Le montant des contributions, quelle que soit la forme choisie, demandées à chaque commune est fixé par le syndicat en fonction de la clé de répartition qui a été déterminée par les statuts. La clé de répartition, qui fonde le pacte financier du syndicat à l'égard des communes, est essentielle.

Les contributions syndicales constituent pour les communes membres une dépense obligatoire.

Par ailleurs, les syndicats sont susceptibles de percevoir d'autres ressources selon la nature de leurs activités.

LE PACTE FINANCIER

L'accord sur le pacte financier est l'un des éléments les plus importants qui réunit les communes membres du syndicat. Il est donc essentiel que celui-ci soit rigoureusement déterminé et, en amont, il est nécessaire que l'objectif de l'*affectio societatis* soit précisément établi.

Les textes ne mentionnent pas d'obligations particulières sur le sujet, néanmoins il est essentiel que la décision institutive soit la plus précise possible sur le sujet et que le calcul de la quote-part de chaque commune soit précisément détaillé. Cela a d'autant plus d'intérêt qu'en accordant ainsi une dimension statutaire à ces dispositions, toutes modifications ultérieures du pacte financier impliquera au préalable une révision des statuts.

Les objectifs de départ du pacte financier peuvent être fondamentalement différents selon le contexte du syndicat, selon ses compétences et selon la volonté des élus. Ils peuvent également évoluer dans le temps si le travail en commun se révèle efficace.

Ainsi, l'objectif *a minima* peut être pour les communes une simple volonté de récupérer l'investissement financier. Le syndicat joue alors le rôle d'un prestataire de services en exécutant ses compétences.

Mais, un objectif plus ambitieux peut être mis en œuvre par le syndicat, objectif de péréquation et de solidarité. Ainsi, les éléments du pacte financier ne sont plus uniquement fondés sur des critères de coût jouant de la même façon pour toutes les communes, ils font au contraire appel à la situation de richesse ou de pauvreté des communes. Les deux objectifs se mêlent nécessairement lorsque le syndicat décide d'introduire des éléments de solidarité, l'objectif *a minima* étant inévitable dès que le syndicat assure des services aux communes.

Dès lors que le syndicat a fixé le montant total de ses dépenses, il en répartit la charge financière entre les communes. Cette répartition est librement déterminée par le pacte financier, de même que la nature de la contribution.

La clé de répartition peut soit utiliser des critères généraux, tels que la population, le potentiel fiscal, la surface en kilomètres carrés, etc., soit, ce qui est souvent le cas des syndicats techniques, une référence liée à l'objet syndical, ainsi un syndicat de voirie peut utiliser la longueur de voirie, un syndicat de transport scolaire le nombre d'élèves, etc.

LE FINANCEMENT

Les contributions budgétaires

Les contributions budgétaires constituent un financement en provenance directe du budget des communes, qui est voté avec le budget. Sur le plan comptable, les communes doivent inscrire les crédits d'engagement nécessaires et le syndicat doit inscrire les ressources correspondantes. Normalement, l'appel de fonds doit être communiqué aux communes suffisamment tôt pour que celles-ci n'aient pas à attendre le vote du budget primitif du syndicat avant d'établir leur propre budget primitif. Le syndicat envoie généralement un projet de budget primitif. Si les montants devaient être rectifiés, ils pourront toujours l'être dans un budget supplémentaire.

Les contributions fiscalisées

Le comité syndical peut décider à tout moment de fiscaliser la contribution des communes membres. Le prélèvement n'est alors plus effectué sur le budget communal mais directement sur les contribuables locaux, qui, en sus de l'impôt communal, départemental et régional, acquittent une contribution au profit du syndicat. Les contribuables concernés sont ceux qui acquittent l'une ou l'autre des quatre taxes directes locales. Le montant du prélèvement est calculé de la même façon que pour les contributions budgétaires à partir de la clé de répartition initiale mais il se traduit par un taux, qui est identique pour les quatre taxes et qui apparaît sur la feuille d'impôt du contribuable dans une ligne de la colonne « fiscalité communale ».

Lorsque le syndicat décide de fiscaliser sa contribution, il en notifie la décision à l'ensemble des communes membres, qui disposent alors de quarante jours pour accepter ou refuser cette modalité de paiement. A défaut de réponse d'un conseil municipal dans ce délai, la fiscalisation est réputée acquise. Si une commune s'est opposée à la fiscalisation, elle continue à financer le syndicat par une contribution budgétaire. Il est fréquent qu'un syndicat fonctionne selon un financement mixte, une partie des communes finançant leur quote-part par contributions fiscalisées et l'autre partie par contributions budgétaires.

Les différences entre les deux types de contributions

Les deux types de contributions sont donc deux modalités différentes d'une même participation financière. L'intérêt de la contribution fiscalisée est d'abord un très net avantage de trésorerie pour le syndicat. En effet, le financement est ainsi assuré par douzièmes mensuels, versés par les services fiscaux selon le mécanisme des avances mensuelles de fiscalité aux collectivités locales et il ne transite plus par les budgets communaux. Par ailleurs, ce type de financement est *a priori* plus transparent pour les contribuables locaux, qui sont à même de voir sur la feuille d'impôt la participation de leur commune au syndicat. Ceci étant, il ne s'agit que d'une transparence limitée dans la mesure où les services fiscaux regroupent l'ensemble des contributions fiscalisées que verse une commune. Par conséquent, si la commune finance par contributions fiscalisées deux ou plusieurs syndicats, les contribuables n'ont connaissance que d'un montant global et ne peuvent donc savoir combien de syndicats sont ainsi financés par la commune.

LE RÉGIME FISCAL DES EPCI À FISCALITÉ PROPRE

2

INTRODUCTION

Inévitablement, la loi de 1992 l'avait fait en instituant deux catégories fiscales de districts et de communautés urbaines, créées avant ou après le 8 février 1992, la loi de 1999 détermine de nouvelles règles fiscales tout en devant les concilier avec l'existant pour les EPCI déjà créés.

Ceci étant, les règles issues de la législation 1999 sont beaucoup plus uniformes qu'auparavant et laissent moins de choix possibles.

La loi de 1999 tente d'inverser, en matière fiscale, la tendance actuelle de l'intercommunalité, où, jusqu'à présent, le mécanisme de la fiscalité propre additionnelle constituait le droit commun et celui de la taxe professionnelle unique l'exception.

Là encore, la logique fiscale, héritée de celle de 1992, structure l'agglomération par la taxe professionnelle unique et le milieu rural par la fiscalité propre additionnelle, avec, éventuellement, le choix pour la taxe professionnelle de zone ou la taxe professionnelle unique. La taxe professionnelle de zone, qui était généralisable sur option à toutes les communautés de communes par la loi de 1992, est désormais limitée au milieu rural, retrouvant ainsi sa vocation première.

Ainsi, les nouvelles communautés urbaines et les communautés d'agglomération sont obligatoirement dotées de la taxe professionnelle unique. Les communautés de communes sont de droit dotées de la fiscalité propre additionnelle. Elles peuvent, dans certains cas strictement déterminés, opter pour la taxe professionnelle de zone (TPZ). En revanche, l'option pour la taxe professionnelle unique (TPU) est largement facilitée par rapport à la loi de 1992, il ne nécessite que l'accord de la majorité simple du conseil.

Si les règles fiscales relatives à la taxe professionnelle unique de 1999 sont très proches de celles de 1992, voire même en grande partie identiques, elles présentent néanmoins quelques différences qui tendent à en faciliter l'adoption, mais surtout elle s'accompagne d'une disposition totalement novatrice permettant désormais à ces EPCI d'accompagner la taxe professionnelle unique d'une fiscalité ménage complémentaire, déterminant ainsi le concept nouveau de « fiscalité mixte ».

À compter de 2007, le taux du plafonnement est ramené à 3,5 % pour la généralité des entreprises. Le financement du dégrèvement se partage désormais entre l'État et, pour l'augmentation de taux à partir d'une date de référence, les collectivités territoriales ou établissements publics de coopération intercommunale et non plus les entreprises.

Le dégrèvement à la charge de l'État

Le taux de référence utilisé pour le calcul du plafonnement à la charge de l'État est modifié. Il est, à compter de la date d'entrée en vigueur de la mesure, égal, pour les communes et les EPCI, au plus faible des trois taux suivants : le taux voté en 2005, le taux voté en 2004 majoré de 5,5 % ou le taux de l'année d'imposition.

Le dégrèvement à la charge des instances locales

« *La différence entre le montant du dégrèvement accordé à l'entreprise et le montant du dégrèvement pris en charge par l'État est mise à la charge des collectivités territoriales et de leurs établissements publics de coopération intercommunale dotés d'une fiscalité propre* » (article 1647 B *sexies*, II, C).

Concrètement, la charge imputable aux instances locales est égale au montant de la base de taxe professionnelle de l'année d'imposition multiplié par la différence, si elle est positive, entre le taux de l'année d'imposition et le taux de référence.

Ce résultat est diminué, le cas échéant, d'une fraction représentative de la part du dégrèvement prise en charge par l'instance locale des réductions et dégrèvements dont la cotisation de taxe professionnelle peut faire l'objet (à l'exception du dégrèvement relatif aux véhicules utilisés pour les besoins de la profession et du crédit d'impôt afférent à des entreprises situées dans des zones en grande difficulté). Un décret déterminera les modalités d'application de cette disposition.

La loi précise que si la part du dégrèvement à la charge de l'État est nulle au titre d'une année (ce qui signifie que l'entreprise bénéficie du plafonnement du fait de l'augmentation des taux d'imposition), la part de dégrèvement à la charge de l'instance locale est multipliée par le rapport entre le dégrèvement accordé l'année suivante et le montant initialement mis à la charge de l'instance locale.

La loi prévoit que le montant total des dégrèvements à la charge des collectivités territoriales ou des établissements publics de coopération intercommunale ne peut excéder un montant maximal égal, dans la grande majorité des cas, au montant des bases prévisionnelles ayant bénéficié du dégrèvement au titre du plafonnement valeur ajoutée au cours de l'avant-dernière année précédant celle de l'imposition, multiplié par la différence, si elle est positive, entre le taux de l'année d'imposition et le taux de référence.

Le prélèvement à opérer sur les budgets locaux vient en diminution des douzièmes mensuels de fiscalité locale de l'année d'imposition.

LA FISCALITÉ PROPRE ADDITIONNELLE

Introduction

Le régime de fiscalité propre additionnelle s'applique désormais exclusivement aux communautés de communes et, le cas échéant, aux communautés urbaines créées avant la date de publication de la loi du 12 juillet 1999.

Ces EPCI perçoivent les quatre impôts directs locaux : taxe d'habitation, foncier bâti et non bâti et taxe professionnelle. Les communes membres de l'EPCI perçoivent également les quatre impôts directs locaux.

Le mécanisme de fiscalité propre additionnelle est souvent qualifiée de « quatrième étage » fiscal. En effet, les contribuables, quel que soit l'impôt, sont imposés au taux communal, au taux communautaire, au taux départemental et enfin au taux régional. La fiscalité de l'EPCI se surajoute à celle des collectivités territoriales.

Un tel mécanisme est par définition inflationniste en terme de pression fiscale. En effet, globalement celle-ci tend à augmenter, à moins que les communes ne décident de baisser à due concurrence leur propre fiscalité, ce qui n'est pas forcément possible, surtout si l'EPCI exerce des compétences nouvelles.

Le calendrier fiscal

La première année de fiscalité suit toujours l'année de création juridique. Ainsi, tout EPCI à fiscalité propre additionnelle, créé du 1er janvier au 31 décembre d'une année N, percevra sa première fiscalité au cours de l'année N + 1, à partir des bases de l'année N + 1 et des éléments de référence communaux de l'année N. C'est au cours de l'année N + 1 que l'EPCI devra voter les taux des quatre taxes directes locales, la date limite étant celle du vote du budget, soit le 31 mars.

En ce qui concerne les bases des quatre taxes, celles-ci sont notifiées directement à l'EPCI sur un imprimé spécifique, l'état 1253.

L'EPCI dispose, comme les collectivités territoriales, du pouvoir d'abattement (en matière de taxe d'habitation notamment) et d'exonération (en matière de taxe professionnelle notamment) que lui donne la loi. Il convient de se référer, le cas échéant aux dispositions du Code général des impôts.

La date de création de l'EPCI est importante en la matière car la plupart des délibérations fiscales[1] doivent être notifiées aux services fiscaux avant le **1er octobre**[2] d'une année pour être applicables l'année suivante. Passée cette date, les délibérations prises du 1er octobre au 31 décembre (d'une année N) ne s'appliqueront qu'à compter de l'année N + 2.

Si un EPCI succède à un précédent EPCI à fiscalité propre additionnelle, les délibérations en cours s'appliquent jusqu'à ce qu'elles soient rapportées[3] le cas échéant.

Les compensations fiscales

Il existe de nombreuses compensations fiscales liées à diverses mesures d'exonérations prises par le législateur national en faveur de certaines catégories de contribuables.

En matière de taxe professionnelle, il s'agit principalement de compensations afférentes à la suppression de la part salaires, à la réduction pour embauche et investissement, aux mesures de zonages, à l'abattement général de 16 %...

En matière de fiscalité ménage, il s'agit essentiellement de mesures liées à la condition économique des contribuables ou aux mesures de zonages.

Un EPCI à fiscalité propre additionnelle perçoit ces compensations si la mesure d'exonération a été prise alors que l'EPCI était déjà créé. Dans le cas contraire, et faute d'un taux de référence (nécessaire au calcul de la compensation), l'EPCI ne perçoit pas de compensation.

Le mécanisme de fixation des taux

La fiscalité propre additionnelle est l'expression du pouvoir fiscal de l'EPCI. Ce pouvoir s'exerce selon les mêmes modalités que pour les collectivités territoriales. L'EPCI a notification par les services préfectoraux en début d'année des bases des quatre taxes, ce qui lui permet de voter les taux.

---

1. Seules les exonérations de taxe professionnelle des articles 1465 et 1465 B (relatives à l'aménagement du territoire) peuvent être prises jusqu'au 31 décembre.
2. La loi de finances pour 2003 reporte, pour les délibérations prises à compter de 2003, la date du 1er juillet à celle du 1er octobre (article 1639 A bis, I du CGI). Il s'agit d'une mesure permanente.
3. Pour de plus amples considérations sur ce point, se référer à M.-C. BERNARD-GÉLABERT, P. LABIA, *Intercommunalités, mode d'emploi*, éditions Économica, septembre 2001.

PREMIÈRE ANNÉE DE FISCALISATION

L'année qui suit celle de la création de l'EPCI, les rapports entre les taux des quatre taxes doivent être égaux aux rapports constatés l'année précédente entre les taux moyens de chaque taxe dans l'ensemble des communes membres.

Le mécanisme de fiscalité propre additionnelle reproduit, la première année de fiscalisation, la structure des taux constatée l'année précédente pour l'ensemble des communes membres.

Ainsi, au cours de cette première année, le pouvoir des élus ne s'exprime que par la détermination du produit attendu de fiscalité. À partir de ce produit attendu, les taux sont alors fonction des bases et des produits des communes.

FIXATION DES TAUX LES ANNÉES SUIVANTES

Les taux d'un EPCI à fiscalité propre additionnelle suivent la plupart des règles applicables aux communes.

La fixation des taux est effectuée selon la méthode de variation proportionnelle, qui consiste à faire évoluer les quatre taux de la même façon (à la différence des taux communaux, les taux de ces groupements ne sont pas plafonnés) ou selon la méthode de variation différenciée, qui fait évoluer séparément les taux des quatre taxes.

Cette dernière méthode exige le respect des règles de lien entre les taux qui implique que :

– le taux de la taxe professionnelle n'augmente pas plus vite ou ne diminue pas moins vite que la variation du taux de la taxe d'habitation, ou, si elle est inférieure, que la variation des taux des taxes ménages[4]. Toutefois, à compter de 2003[5], les EPCI à fiscalité propre additionnelle pourront augmenter leur taux de taxe professionnelle, par rapport à l'année précédente, dans la limite d'une fois et demie l'augmentation de leur taux de taxe d'habitation, ou, si elle est moins élevée, de leur taux moyen pondéré des taxes ménages ;

– le taux du foncier non bâti n'augmente pas plus vite ou ne diminue pas moins vite que la variation du taux de la taxe d'habitation.

Cependant, depuis 2005, une dérogation de la règle de lien à la baisse permet aux EPCI à fiscalité propre additionnelle de ne pas diminuer leur taux de taxe professionnelle de l'intégralité de la proportion normalement constatée. Ils peuvent en effet la limiter dans une

4. Il s'agit de la taxe d'habitation, du foncier bâti et non bâti.

5. Article 31 de la loi de finances pour 2003, codifié à l'article 1636 B sexies du CGI.

proportion égale au moins à la moitié soit de la diminution du taux de la taxe d'habitation ou de celle du taux moyen pondéré des taxes ménages, soit de la plus importante de ces deux diminutions si les deux sont en baisse. Toutefois, si l'EPCI applique cette dérogation au titre d'une année, pendant les trois années suivantes, la possibilité de variation à la hausse du taux de la taxe professionnelle est réduite de moitié. Si le taux de taxe professionnelle se trouve augmenté dans ces conditions, il ne pourra être fait usage de la dérogation pendant les trois années suivantes.

Annexe

Application de la fiscalité propre additionnelle[6]

Deux communes constituent juridiquement un EPCI l'année N – 1. Cet EPCI entend recouvrer l'année N un produit fiscal de **260 000 €**.

Les montants des produits communaux et des bases de l'année N – 1 sont les suivants :

	Produits	Bases
Taxe d'habitation	250 000	2 000 000
Taxe professionnelle	580 000	6 600 000
Taxe foncière sur les propriétés bâties	120 000	1 325 000
Taxe foncière sur les propriétés non bâties	350 000	1 500 000

Les taux moyens de l'année N – 1 sont les suivants (produits/bases) :
Taxe d'habitation.......... 12,50 %
Taxe professionnelle.......... 8,79 %
Taxe foncière sur les propriétés bâties.......... 9,06 %
Taxe foncière sur les propriétés non bâties.......... 23,33 %
Les bases de l'EPCI de l'année N sont les suivantes :
Taxe d'habitation.......... 2 500 000
Taxe professionnelle.......... 6 800 000
Taxe foncière sur les propriétés bâties.......... 1 500 000
Taxe foncière sur les propriétés non bâties.......... 1 400 000

6. L'exemple chiffré est celui de l'instruction d'application du Service de la législation fiscale n° 49 du 10 mars 1988.

Les produits assurés correspondants de l'année N sont égaux à (bases de l'EPCI × taux moyens) :

Taxe d'habitation	312 500
Taxe professionnelle	597 720
Taxe foncière sur les propriétés bâties	135 900
Taxe foncière sur les propriétés non bâties	326 620
Soit un total de	1 372 740

Les taux de l'EPCI de l'année N seront en conséquence obtenus en appliquant aux taux de référence le coefficient suivant (produit attendu/total des produits assurés) :

$$\frac{260\,000}{1\,372\,740} = 0{,}1894.$$

Taxe d'habitation	12,50 × 0,1894 = 2,37 %
Taxe professionnelle	8,79 × 0,1894 = 1,66 %
Taxe foncière sur les propriétés bâties	9,06 × 0,1894 = 1,72 %
Taxe foncière sur les propriétés non bâties	23,33 × 0,1894 = 4,42 %

La vérification, aux arrondis près, retrouve le produit attendu : 259 810 €

2 500 000 € × 2,37 % = 59 250
6 800 000 € × 1,66 % = 112 880
1 500 000 € × 1,72 % = 25 800
1 400 000 € × 4,42 % = 61 880

LA TAXE PROFESSIONNELLE UNIQUE

Introduction

Dans ce régime fiscal, qui s'applique de plein droit aux communautés d'agglomération et aux nouvelles communautés urbaines, la taxe professionnelle est à taux unique sur le périmètre communautaire. C'est en effet l'EPCI qui en vote le taux et qui la perçoit entièrement (même s'il doit redistribuer la partie non utilisée pour le financement de ses charges aux communes membres)[7] par opposition au mécanisme de fiscalité propre additionnelle où les communes d'une part, l'EPCI de l'autre, perçoivent la fiscalité, qui se surajoute sur les mêmes bases.

7. Ce chapitre traite exclusivement de la taxe professionnelle unique hors SAN. Le mécanisme de la taxe professionnelle unique des SAN, prévu à l'article 1609 *nonies* B du CGI, est similaire (pour de plus amples informations sur le sujet, se reporter à l'édition précédente de cet ouvrage).

Depuis l'entrée en vigueur de la loi de 1999, tous les EPCI à taxe professionnelle unique peuvent opter pour la perception d'une fiscalité ménage complémentaire. Cette fiscalité, qualifiée dans les débats de « fiscalité mixte », consiste pour le groupement à percevoir, en plus de la taxe professionnelle, une fiscalité portant sur la taxe d'habitation et sur les taxes foncières. Il s'agit là, à la différence du mécanisme décrit pour la taxe professionnelle, d'une fiscalité propre additionnelle portant sur les taxes ménages uniquement.

Le calendrier fiscal

La première année de fiscalité suit toujours l'année de création juridique. Ainsi, tout EPCI à taxe professionnelle unique créé du 1er janvier au 31 décembre d'une année N, percevra pour la première fois sa taxe professionnelle au cours de l'année N + 1, à partir des bases de l'année N + 1 et des éléments de référence communaux de l'année N. C'est en N + 1 que l'EPCI devra voter, avant le 31 mars, son taux de taxe professionnelle.

En ce qui concerne les bases de taxe professionnelle, celles-ci sont notifiées directement à l'EPCI sur un imprimé spécifique, l'état 1253.

Si l'EPCI choisit d'instituer une fiscalité ménage complémentaire, les bases lui seront notifiées, avec la possibilité, éventuellement, d'en déterminer les exonérations et abattements légaux.

Si le régime fiscal de taxe professionnelle unique résulte d'un choix, cette décision ne peut être rapportée pendant la période d'unification des taux (cf. *infra*).

L'EPCI dispose, comme les collectivités territoriales, du pouvoir d'exonération relatif à la taxe professionnelle, que lui donne la loi (il convient de se référer, le cas échéant, aux dispositions du Code général des impôts).

La date de création de l'EPCI est importante car la plupart des délibérations fiscales en matière de taxe professionnelle[8] doivent être notifiées aux services fiscaux avant le 1er octobre[9] d'une année pour être applicables l'année suivante.

---

8. Seules les exonérations de taxe professionnelle des articles 1465 et 1465 B (relatives à l'aménagement du territoire) peuvent être prises jusqu'au 31 décembre.
9. La loi de finances pour 2003 reporte, pour les délibérations prises à compter de 2003, la date du 1er juillet à celle du 1er octobre (article 1639 A bis, I du CGI). Il s'agit d'une mesure permanente.

Si un EPCI à taxe professionnelle unique succède à un précédent EPCI à fiscalité propre additionnelle, les délibérations de taxe professionnelle en cours s'appliquent jusqu'à ce qu'elles soient rapportées[10].

Si l'EPCI se dote de la fiscalité ménage additionnelle, le fonctionnement des exonérations est identique à celui des EPCI à fiscalité propre additionnelle (cf. *supra*).

Le mécanisme de fixation du taux unique

Dans ce régime fiscal, les EPCI sont substitués aux communes membres pour l'application des dispositions relatives à la taxe professionnelle, sur le territoire de l'agglomération.

L'article 1609 *nonies* C du CGI, qui en définit le régime, prévoit que ces EPCI votent le taux de taxe professionnelle selon les règles applicables en la matière moyennant certains aménagements techniques nécessaires.

PREMIÈRE ANNÉE DE FISCALISATION

La première année d'application de la taxe professionnelle unique, l'EPCI ne dispose que de la seule marge de manœuvre qui est la détermination du produit fiscal attendu. À l'exception de ce choix, qui relève de la seule volonté des élus, le taux de taxe professionnelle de première année est déterminé selon un mécanisme légal, qui se décompose selon différentes étapes.

Le taux unique de taxe professionnelle est déterminé dans un premier temps par le taux moyen pondéré (TMP) de taxe professionnelle des communes membres.

Le TMP est égal à la somme des produits de taxe professionnelle des communes divisée par la somme des bases de taxe professionnelle des communes membres.

L'EPCI a la possibilité, dans un deuxième temps, de fixer un taux de taxe professionnelle de première année inférieur au TMP, mais, en aucun cas il ne pourrait fixer un taux supérieur.

Le mécanisme du taux de taxe professionnelle unique, fondé sur la moyenne des taux de taxe professionnelle des communes, détermine inévitablement pour l'EPCI un taux de taxe professionnelle initial, supérieur, sur le territoire de certaines communes, à ce qu'il était avant la constitution de l'EPCI. Aussi, afin de garantir les entreprises imposées à la taxe professionnelle contre des hausses d'impôt trop

10. Pour de plus amples considérations sur ce point, se référer à *Intercommunalités, mode d'emploi*, Marie-Christine BERNARD-GÉLABERT, Patrick LABIA, éditions Economica, septembre 2001.

importantes, le législateur a-t-il institué un mécanisme d'intégration fiscale progressive. Cela permet un étalement des taux de taxe professionnelle de chacune des communes, en fonction de l'importance de l'écart de départ entre les taux.

La durée d'étalement est déterminée à partir de la différence existant entre le taux de la commune la moins imposée et le taux de la commune la plus imposée, l'année précédant la première fiscalité communautaire. En fonction de cette différence, la période d'intégration fiscale progressive s'étale de un à dix ans.

Rapport	Durée d'unification des taux
Rapport supérieur ou égal à 90 %	Unification immédiate
Rapport inférieur à 90 % et supérieur ou égal à 80 %	2 ans
Rapport inférieur à 80 % et supérieur ou égal à 70 %	3 ans
Rapport inférieur à 70 % et supérieur ou égal à 60 %	4 ans
Rapport inférieur à 60 % et supérieur ou égal à 50 %	5 ans
Rapport inférieur à 50 % et supérieur ou égal à 40 %	6 ans
Rapport inférieur à 40 % et supérieur ou égal à 30 %	7 ans
Rapport inférieur à 30 % et supérieur ou égal à 20 %	8 ans
Rapport inférieur à 20 % et supérieur ou égal à 10 %	9 ans
Rapport inférieur à 10 %	10 ans

Au cours de cette période transitoire, chaque commune membre applique sur son territoire des taux différents résultant du calcul mathématique d'unification des taux.

Ceci étant, le conseil communautaire peut, par une délibération adoptée à la majorité simple pendant les deux premières années d'institution de la taxe professionnelle unique, modifier la période d'intégration fiscale dans une durée ne pouvant excéder douze ans.

La première année, l'EPCI peut retenir la durée légale (il y est obligé en l'absence de délibération sur le sujet) ou une durée déterminée par délibération. La deuxième année, l'EPCI peut, par délibération, modifier la durée retenue l'année précédente, qui devient alors intangible.

Un tel dispositif peut aboutir à réduire comme à allonger la période d'unification. Il ne peut qu'être conseillé de se garder de toute réduction d'un délai destiné à rendre supportable le passage à la taxe professionnelle unique dans les communes où le processus d'unification fait croître le taux de taxe professionnelle.

Seul un EPCI qui est dans l'obligation de faire application d'une période d'intégration fiscale progressive peut la modifier. Ainsi, un EPCI dont l'unification serait immédiate ne pourrait rallonger la période. Par ailleurs, il est impossible à un EPCI de supprimer une durée d'unification, qui, tout au plus, peut être réduite à deux ans.

Dès lors que le nombre d'année d'unification est déterminé, l'écart entre le taux de taxe professionnelle de chacune des communes membres et celui de l'EPCI est réduit, par fractions égales, le temps de la durée d'unification.

La réduction de l'écart est positive ou négative selon que le taux de taxe professionnelle de la commune est inférieur ou supérieur au taux communautaire.

Cette fraction, ou « coefficient d'ajustement », est obtenue en divisant, pour chaque commune membre :
– la différence constatée entre le taux de taxe professionnelle déterminé la première année par l'EPCI et le taux communal de l'année précédente ;
– par la durée d'unification des taux.

L'opération se reconduit chaque année durant toute la période d'unification.

Toutefois, cette période transitoire de lissage ne supprime pas le pouvoir fiscal de l'EPCI. En effet, durant cette période, l'EPCI détermine normalement son produit fiscal attendu qui permet, chaque année, une deuxième correction des taux communaux déjà corrigés du coefficient d'ajustement.

FIXATION DU TAUX LES ANNÉES SUIVANTES

À la fin de cette période, chaque commune de l'EPCI est imposée au taux unique communautaire de taxe professionnelle. Ce taux est alors voté selon les règles en vigueur.

D'une part, le taux de taxe professionnelle voté par l'EPCI ne peut excéder deux fois le taux moyen national de cette taxe (article 1636 B *septies* du CGI).

D'autre part, s'applique la règle de lien entre le taux de taxe professionnelle voté par l'EPCI et les taux des trois taxes ménages votés par les communes. Cette règle de lien entre les taux protège le taux de taxe professionnelle contre des hausses trop importantes, ou du moins contre des hausses qui ne seraient pas accompagnées en parallèle par des hausses d'impôts ménages (art. 1636 B *sexies* du CGI). En effet, le taux de taxe professionnelle de l'EPCI ne peut augmenter dans une proportion supérieure à celle du taux moyen pondéré de la taxe d'habitation, ou, si elle est inférieure, à celle du taux moyen pondéré des taxes ménages.

Sur le plan pratique, les taxes ménages auxquelles il est fait référence sont la moyenne (pondérée par les bases) des taux communaux de ces taxes et la variation des taxes ménages utilisée est celle de l'année précédente. En effet, pour des raisons de calendrier budgétaire, le vote des taux étant fixé au 31 mars pour les communes comme pour l'EPCI, les services fiscaux ne peuvent se référer à la variation de l'année de vote du taux de la taxe professionnelle.

Néanmoins, depuis 1999, plusieurs mesures dérogatoires par rapport à ces règles générales ont été prises :

Première mesure dérogatoire : année de variation dérogatoire

La variation de référence du taux de taxe professionnelle unique utilisée est normalement celle constatée pour l'ensemble des communes membres de l'EPCI, l'année précédant l'année d'imposition à la taxe professionnelle. Cependant, il est prévu que lorsque les communes n'ont pas augmenté leur taux d'imposition l'année précédente (n-1) mais l'avant dernière année (n-2), il est alors possible de prendre en compte la variation constatée au cours de cette antépénultième année (art. 1636 B *decies*, II, 3°, du CGI), soit n-2.

Deuxième mesure dérogatoire : déliaison partielle

La contrainte de la règle de lien à la hausse est allégée d'une manière relativement importante en autorisant les EPCI à taxe professionnelle unique à augmenter leur taux de taxe professionnelle par rapport à l'année précédente dans la limite d'une fois et demie l'augmentation du taux de taxe d'habitation, ou, si elle est moins élevée, des taux moyens pondérés des taxes ménages des communes (art. 1636 B *sexies*, I, 4 du CGI). L'utilisation de ce dispositif ne fait pas obstacle, pour les EPCI à taxe professionnelle unique, à l'utilisation de la majoration spéciale du taux de taxe professionnelle.

Troisième mesure dérogatoire : suppression de la règle de lien à la baisse

Symétriquement, la règle de lien impose également une baisse du taux de la taxe professionnelle à concurrence de la baisse des taux communaux des taxes ménages. La règle de lien fonctionnant ainsi, à la hausse comme à la baisse, s'est révélée depuis 1992 extrêmement handicapante dans le cas d'un EPCI à taxe professionnelle unique où le pouvoir de décision en matière fiscale est partagé entre deux instances décisionnelles, les communes d'une part, l'EPCI de l'autre. C'est ainsi que des EPCI à taxe professionnelle unique (onze sur cinquante en 1996) ont été mécaniquement contraints de baisser leur taux de taxe professionnelle en raison de la baisse de la moyenne des taux communaux des taxes ménages.

Tenant compte de ce problème, la loi de 1999 avait supprimé partiellement l'expression à la baisse de la règle de lien. En effet, depuis lors, l'EPCI peut décider, lorsqu'il vote sa fiscalité, de ne pas diminuer mécaniquement son taux de taxe professionnelle. Cependant, s'il utilisait cette disposition, l'augmentation du taux de taxe professionnelle était limitée, pendant les deux années suivantes, à la moitié de la variation théorique possible. La restriction ainsi apportée par la loi, fruit d'un compromis parlementaire, a rendu difficile l'utilisation de la mesure, les EPCI devant essayer d'anticiper les effets de la contrainte afin de déterminer s'il était préférable ou non d'utiliser la déliaison à la baisse.

Ces contraintes, jointes à la pression des élus, ont conduit à une nouvelle libéralisation de ce mécanisme de lien à la baisse, dans la loi de finances pour 2003. Désormais, les EPCI qui décideront de s'affranchir d'une telle règle n'auront plus à subir de contrainte dans la fixation de l'augmentation du taux de taxe professionnelle les années suivantes (art. 1636 B *decies*, II du CGI).

Quatrième mesure dérogatoire : capitalisation de l'augmentation du taux de taxe professionnelle

Les années au cours desquelles les EPCI ne font pas application de l'une ou l'autre des trois mesures précédentes, ils peuvent répartir sur trois ans le droit à l'augmentation de leur taux de taxe professionnelle non utilisé au titre d'une année. La différence constatée au titre d'une année entre la limite maximale possible du taux de taxe professionnelle et le taux voté ne sera pas perdue mais sera réutilisable et pourra s'ajouter au taux de taxe professionnelle voté au cours des trois années suivantes. C'est une mesure de capitalisation de l'augmentation du taux de taxe professionnelle (art. 1636 B *decies*, IV du CGI).

La loi précise qu'une telle possibilité ne trouve son application que lorsque le vote des taux se fait dans le respect des règles normales de vote des taux. Elle ne peut donc s'appliquer :
- ni la première année de mise en œuvre du taux unique de taxe professionnelle ;
- ni l'année d'utilisation de la majoration spéciale du taux de taxe professionnelle (art. 1636 B *sexies*, I-3) ;
- ni l'année d'utilisation du mécanisme de déliaison partielle du taux de taxe professionnelle (cf. *supra*) ;
- ni l'année d'affranchissement de la règle de lien à la baisse (cf. *supra*) ;
- ni l'année où la variation de référence est celle de l'antépénultième année (cf. *supra*).

En revanche, cette mise en réserve est tout à fait compatible avec l'augmentation normale du taux de taxe professionnelle, telle qu'elle résulte de l'évolution des taux communaux des taxes ménages.

À défaut d'utilisation totale ou partielle de cette possibilité au cours des trois années qui suivent la mise en réserve, celle-ci (en totalité ou en solde) est perdue.

Dans les délais normaux de vote des taux, les établissements publics de coopération intercommunale qui souhaitent utiliser cette mise en réserve doivent en indiquer le montant aux services fiscaux et, le cas échéant, l'utilisation des majorations mises en réserve.

Cinquième mesure dérogatoire : taux de taxe professionnelle inférieur à la moyenne de la catégorie

Les EPCI à taxe professionnelle unique dont le taux de taxe professionnelle est inférieur à 75 % de la moyenne de leur catégorie (communautés urbaines, communautés d'agglomération ou communautés de communes à taxe professionnelle unique) constatée l'année précédente au plan national, peuvent fixer leur taux de taxe professionnelle dans la limite de 75 % de cette moyenne. Cependant, le taux ainsi fixé ne peut augmenter de plus de 5 % par rapport à celui de l'année précédente.

La fiscalité ménage complémentaire

La délibération relative à la perception de cette fiscalité complémentaire, qui s'effectue à la majorité simple du conseil communautaire, est applicable à compter de l'année qui suit[11].

Elle doit être systématiquement renouvelée l'année où intervient le renouvellement général des conseils municipaux. Il s'agit en effet d'une décision importante, éventuellement lourde de conséquences sur le plan financier le législateur a donc souhaité donner à la décision un caractère relativement solennel, sans reconduction systématique lors du changement ou du renouvellement de l'équipe dirigeante.

Le choix de recourir à la fiscalité ménage complémentaire est de manière inévitable un alourdissement de la pression fiscale demandée aux contribuables et une atteinte au principe de spécialisation de la taxe professionnelle à l'échelon intercommunal. Il doit donc s'insérer dans un contexte où la taxe professionnelle ne suffit plus à apporter les ressources nécessaires, éventuellement de façon momentanée, plutôt que de constituer un apport de ressources permanent. Ceci étant, cette fiscalité peut, techniquement, constituer une réserve permanente, à condition d'être choisie tous les six ans.

La décision de lever une fiscalité ménage additionnelle est en outre en corrélation directe avec l'institution ou le maintien d'une dotation de solidarité communautaire (cf. *infra*), la loi n'ayant pas voulu superposer le recours aux contribuables avec la mise en œuvre d'une politique de solidarité intercommunale.

La première année de perception de cette fiscalité, les rapports entre les taux des trois taxes doivent être égaux à ceux constatés l'année précédente entre les taux moyens pondérés de chaque taxe dans les communes membres. Le mécanisme de vote des taux de la

11. Elle s'applique, dans les mêmes conditions, aux SAN.

fiscalité ménage complémentaire est identique à celui de la fiscalité propre additionnelle. Il s'agit pour les élus de déterminer un produit attendu par cette fiscalité, qui se répartit ensuite en proportion des rapports entre les trois taux.

Les règles d'évolution des taux sont également identiques à celles de la fiscalité propre additionnelle. Les taux ne sont pas plafonnés mais s'applique la règle de lien entre le taux de foncier non bâti et celui de la taxe d'habitation.

Lorsque l'EPCI choisit cette fiscalité complémentaire, la règle de lien qui régit l'évolution du taux de la taxe professionnelle est calculée à partir des taux moyens pondérés de fiscalité ménage des communes, qui intègrent le produit de fiscalité ménage perçu par l'EPCI. Ce procédé tend à augmenter la marge de manœuvre donnée à la taxe professionnelle.

Les compensations fiscales

Il existe de nombreuses compensations fiscales en matière de taxe professionnelle liées à diverses mesures d'exonérations prises par le législateur national en faveur de certaines catégories de contribuables.

Il s'agit principalement de compensations afférentes à la suppression de la part salaire, à la réduction pour embauche et investissement, aux mesures de zonages, à l'abattement général de 16 %...

Au sein d'un EPCI à taxe professionnelle unique, il s'agit de savoir qui de l'EPCI ou des communes membres perçoivent les compensations. Le tableau qui suit résume les différents cas de figure rencontrés.

		EPCI à taxe professionnelle unique	
Nature de la compensation	**Date de la mesure ou taux de référence**	**L'EPCI perçoit la compensation**	**Les communes perçoivent la compensation**
Suppression de la part salaire[12]	1998	Oui	Non
Suppression de la part salaire des « bénéfices non commerciaux »	2002	Oui	Non
REI des nouveaux établissements	1986	Oui	Non
Zones de revitalisation rurale	1994 ou 1997	Oui	Non
Zones de redynamisation urbaine et zones franches urbaines	1996	Oui	Non
Zones franches Corse	1996	Oui	Non
Abattement de 25 % des bases en Corse	1994	Oui	Non
Réduction de la fraction imposable des salaires	1983	Non	Oui
Plafonnement du taux (à 2 fois le taux moyen national)	1983	Non	Oui
Abattement général de 16 %	1987	Non	Oui

Utilisation de la taxe professionnelle

La loi a très précisément déterminé l'utilisation de la taxe professionnelle par l'EPCI.

En effet, alors que l'EPCI est maître du vote du taux et de la perception du produit de la taxe professionnelle, il doit néanmoins procéder, après son propre financement, à des « retours » de taxe professionnelle, suivant une chronologie précise.

FINANCEMENT DE L'EPCI

La taxe professionnelle est évidemment destinée à financer les charges de l'EPCI, c'est-à-dire les charges transférées par les communes. Une **commission d'évaluation des charges** est instituée à

12. En ce qui concerne cette compensation, la loi a prévu qu'à compter de 2004, elle serait intégrée dans la DGF.

cette fin entre l'EPCI et les communes. Elle est composée de membres des conseils municipaux des communes concernées, chaque conseil municipal disposant d'au moins un représentant. La commission élit son président et un vice-président parmi ses membres. Le président convoque la commission et détermine son ordre du jour. Elle peut faire appel, pour l'exercice de sa mission, à des experts. Elle rend ses conclusions l'année de l'adoption de la taxe professionnelle unique et lors de chaque nouveau transfert de charges.

Les dépenses de fonctionnement non liées à un équipement sont évaluées d'après leur coût réel dans les budgets communaux de l'exercice précédant le transfert ou d'après leur coût réel dans les comptes administratifs des exercices précédant ce transfert (la période de référence est alors déterminée par la commission).

Le coût des dépenses liées à des équipements concernant les compétences transférées est calculé sur la base d'un coût moyen annualisé. Ce coût intègre le coût de réalisation ou d'acquisition de l'équipement ou, en tant que de besoin, son coût de renouvellement. Il intègre également les charges financières et les dépenses d'entretien. L'ensemble de ces dépenses est pris en compte pour une durée normale d'utilisation et ramené à une seule année.

Le coût des dépenses transférées est réduit, le cas échéant, des ressources afférentes à ces charges.

L'évaluation des charges est déterminée à la date de leur transfert par délibérations concordantes de la majorité qualifiée des conseils municipaux, adoptées sur rapport de la commission d'évaluation des charges. Lorsque la commission intervient dans le cas d'un EPCI déjà constitué, elle doit rendre ses conclusions sur le montant des charges qui étaient déjà transférées à l'EPCI et sur celui de la fiscalité ou des contributions qui étaient perçues pour les financer.

La loi du 13 août 2004 relative aux libertés et responsabilités locales, qui a réaménagé les conditions d'évaluation des charges, précise qu'à compter de la publication de la loi et dans les deux ans qui suivent, les conseils municipaux concernés peuvent, par délibérations concordantes prises à la majorité qualifiée, procéder à une nouvelle évaluation des charges déjà transférées dans les conditions nouvelles, précédemment exposées.

Ce n'est qu'une fois ce financement assuré que le conseil communautaire effectue les retours légaux de taxe professionnelle : **l'attribution de compensation et, le cas échéant, la dotation de solidarité communautaire**.

L'ATTRIBUTION DE COMPENSATION

Une attribution de compensation est assurée à chaque commune membre. Elle ne peut être indexée.

Lorsque l'attribution de compensation est négative, l'EPCI **peut** demander à la commune d'effectuer à due concurrence un versement à son profit.

L'attribution constitue pour l'EPCI ou, le cas échéant, pour les communes, une dépense obligatoire. L'EPCI doit en communiquer le montant prévisionnel aux communes avant le 15 février de l'année en cours afin qu'elles puissent l'intégrer dans leur budget primitif.

L'attribution de compensation est égale au produit de taxe professionnelle que percevait chaque commune l'année précédant l'instauration de la fiscalité communautaire (c'est-à-dire l'année de création juridique) auquel s'ajoutent, le cas échéant, les compensations relatives aux exonérations de taxe professionnelle dans certaines zones d'aménagement du territoire et, sous réserve d'une délibération du conseil communautaire statuant à l'unanimité, la compensation relative aux pertes de bases de taxe professionnelle ou de redevance des mines perçue par la commune, diminué du coût net des charges transférées.

Depuis 2006, le montant de cette attribution, les conditions et la date d'effet de sa révision peuvent être fixés librement par délibérations concordantes des neuf dixièmes au moins des conseils municipaux des communes membres représentant plus des quatre cinquièmes de la population ou des quatre cinquièmes au moins des conseils municipaux représentant plus des neuf dixièmes de la population, en tenant compte notamment du rapport de la commission d'évaluation des transferts de charges.

Par ailleurs, dans les trois ans qui suivent l'année du renouvellement général des conseils municipaux, le conseil communautaire peut, à l'unanimité, fixer librement le montant de l'attribution de compensation et les conditions de sa révision en tenant compte des conseils municipaux, du rapport de la commission locale d'évaluation des transferts de charges.

Enfin, jusqu'au 13 août 2008, chaque conseil municipal ou le conseil communautaire peut demander à ce qu'il soit procédé à une nouvelle évaluation des charges déjà transférées.

LA DOTATION DE SOLIDARITÉ COMMUNAUTAIRE

La dotation de solidarité communautaire représente le solde de taxe professionnelle que l'EPCI a la possibilité de redistribuer aux communes membres et, le cas échéant, à des EPCI à fiscalité propre limitrophes. Le principe et les critères de répartition sont fixés par le conseil communautaire statuant à la majorité des deux tiers. Le montant de la dotation est fixé librement par le conseil communautaire. Elle est répartie en tenant compte prioritairement de l'importance de la population et du potentiel fiscal par habitant, les autres critères étant fixés librement par le conseil.

Si une zone d'activités économiques d'intérêt départemental est située en tout ou partie sur le territoire de l'EPCI, celui-ci peut étendre le versement de la dotation de solidarité communautaire aux EPCI à fiscalité propre constituant un ensemble sans discontinuité territoriale et limitrophe de son territoire.

La dotation de solidarité communautaire est en revanche obligatoire pour les communautés urbaines. Elle est répartie, à la majorité simple, selon des critères similaires.

Si l'EPCI a eu recours au bénéfice de la fiscalité ménage complémentaire, cela a une influence sur le maintien ou la création, selon les cas, de la dotation de solidarité, le législateur ayant voulu éviter des flux financiers qui auraient pour conséquence d'augmenter la pression fiscale globale.

Ainsi, si un EPCI perçoit la « fiscalité mixte », il ne peut augmenter sa dotation de solidarité. Si un EPCI à taxe professionnelle unique, créé *ex nihilo*, décide, lors de sa première année de fiscalisation, de percevoir la fiscalité ménage complémentaire, il lui est alors interdit d'instituer une dotation de solidarité. S'il s'agit d'un EPCI à fiscalité propre additionnelle qui se transforme en EPCI à taxe professionnelle unique assortie de la fiscalité ménage, la dotation de solidarité est limitée à celle qu'il avait éventuellement établie avant sa transformation.

Dans tous ces cas de figure, la loi donne néanmoins la possibilité aux EPCI concernés de tenir compte des éventuels accords conventionnels de partage de fiscalité (cf. *infra*) antérieurement institués, au titre de la loi du 10 janvier 1980. De tels accords ne sont donc pas remis en question et peuvent continuer à être honorés.

Intégration de nouvelles communes

Une procédure spécifique d'intégration (article 1638 quater du CGI), est prévue lorsque des communes intègrent (volontairement ou à la suite de transformation) un EPCI à taux de taxe professionnelle unique.

Au cas particulier, une procédure de rapprochement progressif des taux de taxe professionnelle des communes entrantes est mise en œuvre. Ce sont donc les communes entrantes qui adaptent leurs taux à celui de l'EPCI, celui-ci n'est pas remis en cause par l'extension du périmètre communautaire.

Cette procédure prévoit que l'écart entre le taux de taxe professionnelle de la commune rattachée et celui de l'EPCI est réduit chaque année par dixième en fonction de l'écart entre ces deux taux. Mais le conseil communautaire peut décider, à la majorité des deux tiers, de modifier cette période sans aller au-delà de douze ans.

Si l'entrée de nouvelles communes s'effectue en cours de période d'intégration fiscale progressive, l'écart de taux peut être réduit en proportion du nombre d'années restant à courir jusqu'à l'application du taux unique, dès lors que cela ne raccourcit pas le délai précédent.

Le conseil communautaire peut, par une délibération prise à la majorité simple et pour l'année qui suit celle du rattachement, intégrer dans le calcul du taux de l'EPCI, le taux, pondéré par les bases, de la commune entrante (art. 1638 *bis* du CGI). Si cette commune était membre d'un EPCI à fiscalité propre ou d'un syndicat, le produit fiscal levé à ce titre sur le territoire communal est ajouté au taux communal pris en considération.

Ces dispositions permettent en fait d'équilibrer le montant de l'attribution de compensation, que l'EPCI est tenu de verser à la commune, par rapport au produit fiscal qu'apporte la nouvelle commune à l'EPCI. En effet, si son taux est supérieur au taux moyen pondéré, l'attribution de compensation entraîne mécaniquement une perte de recettes pour l'EPCI et, dans le cas inverse, un surcroît de recettes. La nouvelle mesure annule ces effets induits.

Le mécanisme d'intégration fiscale progressive peut, le cas échéant, s'appliquer. Le taux de la commune rattachée intègre éventuellement le taux de l'EPCI à fiscalité propre auquel elle appartenait.

Lorsque l'EPCI décide de mettre en œuvre ce nouveau dispositif, les droits à augmentation capitalisés de taxe professionnelle (cf. *supra*) ne sont pas utilisables.

Passage entre la fiscalité propre additionnelle et la taxe professionnelle unique

Dans ce cas particulier, l'EPCI perd la fiscalité additionnelle relative aux trois taxes ménages au profit de la seule taxe professionnelle (même s'il rétablit une fiscalité ménage complémentaire, ce qui ressort d'une autre décision).

Les modalités de calcul s'adaptent à cette situation de façon à tenir compte de l'existant (c'est-à-dire d'un EPCI qui finançait déjà par la fiscalité un certain nombre de compétences). En premier lieu, le taux intercommunal de taxe professionnelle de l'année précédente s'ajoute au taux moyen pondéré. La commission d'évaluation des charges doit ajouter à ses conclusions une analyse sur le montant des charges déjà transférées et leur financement.

L'attribution de compensation est fixée librement par le conseil communautaire statuant à l'unanimité.

À défaut, son calcul est aménagé. L'attribution est égale au produit de taxe professionnelle que chaque commune percevait l'année de référence (auquel s'ajoutent la compensation relative à la suppression de la part salaire et, le cas échéant, les compensations relatives aux exonérations de taxe professionnelle dans certaines zones d'aménagement du territoire), diminué du produit des trois taxes ménages perçu la même année par l'EPCI sur le territoire de la commune.

L'attribution de compensation ainsi déterminée est diminuée des compensations perçues par l'EPCI sur le territoire communal au titre des exonérations de taxe d'habitation et de foncier bâti[13]. Le cas échéant, elle est également diminuée du montant net des charges transférées lorsque l'institution de la taxe professionnelle unique s'accompagne de nouveaux transferts de compétences.

Elle est enfin diminuée du montant des reversements autorisés par l'article 11 de la loi du 10 janvier 1980[14] de tout ou partie de la part communale de taxe professionnelle au profit de l'EPCI, l'année précédant celle de la première application de ces dispositions. Cette disposition s'applique à compter de 2005 aux EPCI soumis à la TPU depuis la loi du 12 juillet 1999.

Elle est recalculée à chaque nouveau transfert de charges. Elle ne peut être indexée.

Lorsque des communes ont décidé, soit directement, soit dans le cadre d'un syndicat intercommunal, de se répartir un montant de taxe professionnelle générée par des entreprises installées sur une zone d'activités économiques en application de l'article 11 de la loi du 10 janvier 1980, la communauté bénéficiaire de la taxe professionnelle unique est substituée de plein droit à ces accords de partage. L'attribution de compensation est alors, selon le cas de figure, majorée ou diminuée de ces recettes de taxe professionnelle.

Si dans certains cas l'attribution se révèle négative, les communes concernées **doivent** reverser le complément à l'EPCI.

Annexe

Application de la taxe professionnelle unique[15]

I – Données

Un EPCI composé de trois communes décide de se constituer en choisissant un régime fiscal de taxe professionnelle unique d'agglomération. La situation de l'EPCI en matière de taxe professionnelle est la suivante :

13. Exonérations concernant les contribuables de condition modeste.
14. Cf. *infra*, le chapitre sur « Les solidarités fiscales entre EPCI », qui traite des partages de taxe professionnelle au titre de l'article 11 de cette loi.
15. L'exemple chiffré est celui de l'instruction d'application de la Direction générale des impôts et du Service de la législation fiscale du 1er février 1993, *Bulletin Officiel des Impôts* 6 A-2-93, n° 36 du 22 février 1993.

Communes	Bases TP N – 1	Taux TP N – 1	Produits TP N – 1	Bases TP N	Bases TP N + 1	Bases TP N + 2
A	10 000 000	6 %	600 000	20 000 000	20 000 000	20 000 000
B	6 000 000	7 %	420 000	6 000 000	6 280 000	6 280 000
C	3 000 000	8,5 %	255 000	4 000 000	5 000 000	5 000 000
Total	**19 000 000**		**1 275 000**	**30 000 000**	**31 280 000**	**31 280 000**

L'EPCI est juridiquement créé l'année N – 1. Il vote sa première fiscalité l'année N.

II – Séquence des opérations

ANNÉE N

1 – Détermination du taux communautaire

Le taux moyen pondéré des communes membres est égal au rapport du total des produits communaux de taxe professionnelle sur le total des bases communales de taxe professionnelle relatifs à l'année N – 1 (année de création juridique).

$$\frac{1\,275\,000}{19\,000\,000} = 6{,}71\ \%$$

Le taux communautaire de première année de l'EPCI ne peut excéder 6,71 %. L'EPCI décide de voter un taux de 6,50 % afin d'avoir un produit de **1 950 000 €**.

2 – Détermination de la durée d'unification du taux de taxe professionnelle

La durée d'unification du taux de la taxe professionnelle est fonction de l'écart constaté l'année N – 1 entre le taux de la commune la moins imposée et le taux de la commune la plus imposée. Au cas particulier, il est égal à :

$\frac{6}{8{,}5} \times 100 = 70{,}58\ \%$, soit trois ans d'unification[16].

L'EPCI décide de maintenir cette période d'unification des taux de taxe professionnelle.

3 – Détermination du coefficient d'ajustement des taux

Ce coefficient va permettre l'ajustement des taux durant la période d'intégration fiscale progressive. Il se calcule à partir du taux de première année déterminé par l'EPCI diminué du taux de la commune de l'année précédente et divisé par le nombre d'années d'unification.

16. Cf. tableau d'étalement des taux du chapitre précédent.

• Commune A = : $\frac{6,50 - 6}{3}$ = + 0,1666

• Commune B = : $\frac{6,50 - 7}{3}$ = – 0,1666

• Commune C = : $\frac{6,50 - 8,50}{3}$ = – 0,6666

4 – Calcul des taux de TP applicables dans chaque commune

a – Réduction des écarts de taux

Pendant les trois ans d'unification, des taux différents s'appliqueront dans chaque commune. Ces taux sont corrigés à l'aide du coefficient d'ajustement précédemment calculé. Pour l'année N, la correction est la suivante :

• Commune A = 6 + 0,1666 = 6,1666
• Commune B = 7 – 0,1666 = 6,8334
• Commune C = 8,5 – 0,6666 = 7,8334

b – Correction uniforme des taux rapprochés

Cependant, une deuxième correction doit être effectuée, en fonction du produit assuré de l'EPCI, qui est égal aux bases de chaque commune de l'année N multipliées par les taux corrigés de l'année N.

• Commune A =	20 000 000 × 6,1666 %	=	1 233 320 €
• Commune B =	6 000 000 × 6,8334 %	=	410 004 €
• Commune C =	4 000 000 × 7,8334 %	=	313 336 €
			1 956 660 €

Le produit attendu de l'EPCI (1 950 000 €) diminué du produit assuré (1 956 660 €) permet de déterminer, en fonction des bases de l'EPCI de l'année N, le deuxième coefficient d'ajustement, qui s'applique uniformément à chacune des communes.

$$\frac{1\ 950\ 000 - 1\ 956\ 660}{30\ 000\ 000} \times 100 = -0,0222$$

c – Taux applicables dans chaque commune

• Commune A = 6,1666 – 0,0222 = 6,14 %
• Commune B = 6,8334 – 0,0222 = 6,81 %
• Commune C = 7,8334 – 0,0222 = 7,81 %

d – Vérification du produit attendu

• Commune A =	20 000 000 × 6,14 %	=	1 228 000 €
• Commune B =	6 000 000 × 6,81 %	=	408 600 €
• Commune C =	4 000 000 × 7,81 %	=	312 400 €
			1 949 000 €

ANNÉE N + 1

1 – Détermination du taux communautaire

Comme l'année précédente, le groupement vote son taux de taxe professionnelle en fonction du produit attendu qu'il souhaite obtenir. Il retient un taux de 6,8 % afin d'obtenir un produit de **2 127 040 €**.

2 – Calcul des taux applicables dans chaque commune

a – Réduction des écarts de taux

Le processus d'ajustement est identique, mais, comme c'est la deuxième année d'intégration fiscale progressive, le coefficient d'ajustement est multiplié par deux.

- Commune A = 6 + (0,1666 × 2) = 6,3332 %
- Commune B = 7 – (0,1666 × 2) = 6,6668 %
- Commune C = 8,50 – (0,6666 × 2) = 7,1668 %

b – Correction uniforme des taux rapprochés

La démarche est identique à celle de l'année précédente :

• Commune A =	20 000 000 × 6,3332 %	=	1 266 640 €
• Commune B =	6 000 000 × 6,6668 %	=	418 675 €
• Commune C =	4 000 000 × 7,1668 %	=	358 340 €
			2 043 655 €

À nouveau, le produit attendu de l'EPCI (2 127 040 €) diminué du produit assuré (2 043 655 €) permet de déterminer, en fonction des bases de l'EPCI de l'année N + 1, le deuxième coefficient d'ajustement applicable uniformément à chacune des communes.

$$\frac{2\,127\,040 - 2\,043\,655}{31\,280\,000} \times 100 = \mathbf{0{,}2666}$$

c – Taux applicables dans chaque commune

- Commune A = 6,3332 + 0,2666 = 6,60 %
- Commune B = 6,6668 + 0,2666 = 6,93 %
- Commune C = 7,1668 + 0,2666 = 7,43 %

d – Vérification du produit attendu

• Commune A =	20 000 000 × 6,60 %	=	1 320 000 €
• Commune B =	6 280 000 × 6,93 %	=	435 204 €
• Commune C =	5 000 000 × 7,43 %	=	371 500 €
			2 126 704 €

ANNÉE N + 2

1 – Détermination du taux communautaire

L'EPCI vote un taux de taxe professionnelle de 6,9 % pour obtenir un produit de **2 158 320 €**.

2 – Calcul des taux applicables dans chaque commune

a – Réduction des écarts de taux

Le coefficient d'ajustement est multiplié par trois puisque c'est la troisième année d'intégration fiscale progressive.

- Commune A = 6 + (0,1666 × 3) = 6,50 %
- Commune B = 7 – (0,1666 × 3) = 6,50 %
- Commune C = 8,50 – (0,6666 × 3) = 6,50 %

b – Correction uniforme des taux

Le produit attendu de l'EPCI (2 158 320 €) diminué du produit assuré (2 033 200 €) permet de déterminer, en fonction des bases de l'EPCI de l'année N + 2, le deuxième coefficient d'ajustement, qui s'applique uniformément à chacune des communes.

• Commune A =	20 000 000 × 6,50 %	=	1 300 000 €
• Commune B =	6 280 000 × 6,50 %	=	408 200 €
• Commune C =	5 000 000 × 6,50 %	=	325 000 €
			2 033 200 €

$$\frac{2\ 158\ 320 - 2\ 033\ 200}{31\ 280\ 000} = 0{,}4$$

c – Taux applicables dans chaque commune

- Commune A = 6,5 + 0,4 % = 6,9 %
- Commune B = 6,5 + 0,4 % = 6,9 %
- Commune C = 6,5 + 0,4 % = 6,9 %

d – Vérification du produit attendu

• Commune A =	20 000 000 × 6,90 %	=	1 380 000 €
• Commune B =	6 280 000 × 6,90 %	=	433 320 €
• Commune C =	5 000 000 × 6,90 %	=	345 000 €
			2 158 320 €

En N + 3, à partir de la quatrième année de fonctionnement, la période d'intégration fiscale progressive est achevée et l'EPCI est véritablement doté d'une taxe professionnelle unique, qui s'appliquera sur l'ensemble des communes membres.

Le vote du taux de taxe professionnelle unique s'effectue alors dans les conditions de droit commun.

LA TAXE PROFESSIONNELLE DE ZONE

Introduction

L'EPCI qui se dote de ce régime fiscal (cf. *supra* pour les conditions d'option) est un EPCI à fiscalité propre additionnelle, qui décide d'unifier son taux de taxe professionnelle sur une zone d'activités économiques.

En matière de taxe professionnelle, à l'extérieur de la zone, le mécanisme de fiscalité propre additionnelle s'applique normalement et à l'intérieur de la zone s'applique un taux unique de taxe professionnelle, déterminé selon des modalités similaires à celles de la taxe professionnelle unique.

Ainsi, dans ces EPCI, les assujettis à la taxe professionnelle situés sur la zone d'activités économiques sont soumis à un taux unique, les assujettis situés sur la même commune mais hors de la zone sont soumis au taux de taxe professionnelle de la commune auquel s'ajoute le taux additionnel de l'EPCI.

LE CALENDRIER FISCAL

L'option pour la taxe professionnelle de zone doit être prise avant le **1er octobre**[17] pour s'appliquer l'année suivante. Cette option doit s'accompagner, pour être valable, de la délimitation précise de la zone afin que les services fiscaux puisse déterminer les entreprises concernées par le taux unique.

LA ZONE D'ACTIVITÉS ÉCONOMIQUES

La loi ne donne aucune condition relative à la zone d'activités économiques.

La zone peut être située sur une seule commune ou sur le territoire de plusieurs communes. Elle peut avoir un caractère continu ou discontinu.

Il doit s'agir véritablement d'une zone d'activités économiques, conforme aux documents d'urbanisme en vigueur. Un EPCI peut avoir sur son territoire plusieurs zones d'activités économiques discontinues sans pour autant que le territoire intercommunal soit éclaté en de multiples zones.

---

17. La loi de finances pour 2003 reporte, pour les délibérations prises à compter de 2003, la date du 1er juillet à celle du 1er octobre (article 1639 A *bis*, I du CGI). Il s'agit d'une mesure permanente.

Le mécanisme de la taxe professionnelle de zone est *a priori* intéressant en milieu rural où les entreprises sont souvent concentrées et où il n'y aurait pas lieu forcément d'unifier la taxe professionnelle sur l'ensemble du territoire. Cependant, il ne faut pas perdre de vue que, quel que soit l'intérêt du mécanisme, il aboutit néanmoins à un éclatement des taux de taxe professionnelle entre la zone et le hors zone, agissant en cela à l'inverse du processus unificateur de la taxe professionnelle unique. Par conséquent, une grande prudence est nécessaire dans le choix des zones et leur multiplicité est sans aucun doute à proscrire.

MODALITÉS D'APPLICATION DE LA TAXE PROFESSIONNELLE DE ZONE

L'unification du taux

Le taux de départ de taxe professionnelle de la zone est le taux moyen pondéré des communes membres ou un taux inférieur à ce taux moyen, si l'EPCI le décide.

Le taux moyen pondéré de zone se calcule en tenant compte des produits et des bases de taxe professionnelle de toutes les communes membres, même si la zone n'est située que sur certaines communes. Le cas échéant, le taux moyen pondéré est majoré du taux de taxe professionnelle additionnel perçu l'année précédente par l'EPCI.

La période d'intégration fiscale progressive est facultative, quel que soit l'écart entre les taux. Cependant, si elle est appliquée, elle l'est dans les mêmes conditions que pour la taxe professionnelle unique à partir du taux de la commune la moins imposée et de celui de la commune la plus imposée, même si ces deux communes sont hors zone, et pendant une période de douze ans au plus.

Lorsque la zone se situe sur le territoire d'une seule commune, il ne peut être fait usage de l'unification progressive, le taux unique de zone s'applique immédiatement.

L'évolution ultérieure du taux de taxe professionnelle de zone suit les mêmes règles que celles du taux de taxe professionnelle unique.

La péréquation du produit

L'EPCI peut verser aux communes qui lui transfèrent des zones d'activités économiques, une attribution de compensation égale, au plus, au produit de taxe professionnelle qu'elles perçoivent l'année précédant l'institution du taux unique. Le conseil communautaire fixe le montant de cette attribution après consultation des communes concernées.

AUTRES RESSOURCES FISCALES

Les EPCI peuvent percevoir certaines ressources fiscales autres que les quatre taxes directes locales, selon les compétences qui leur sont transférées.

Le financement des ordures ménagères

La compétence « collecte et traitement » n'est pas forcément considérée comme une chaîne de compétence, mais, le cas échéant, comme deux missions distinctes du service d'élimination des ordures ménagères. Ainsi, une commune peut transférer à un EPCI ou à un syndicat mixte la seule mission de traitement ou bien l'intégralité des deux missions « collecte et traitement ». L'EPCI peut, à son tour, transférer à un syndicat mixte soit la mission traitement, soit l'intégralité de la compétence. En ce qui concerne les opérations de transport, de tri ou de stockage qui se situent à la jonction de la collecte et du traitement, elles peuvent être intégrées à l'une ou l'autre de ces deux missions.

La loi interdit en revanche à la commune ou à l'EPCI de conserver le traitement et de transférer la seule collecte. Elle interdit également les transferts dits en étoile, consistant à transférer la collecte et le traitement à deux structures différentes, pour privilégier les transferts dits en cascade, consistant à transférer l'intégralité de la compétence ou le seul traitement à une structure intercommunale.

La compétence relative à l'élimination des déchets peut être financée par le budget général, par la taxe d'enlèvement des ordures ménagères (TEOM) – soit un financement par le contribuable – ou par la redevance d'enlèvement des ordures ménagères (REOM) – soit un financement par l'usager –.

La TEOM est un impôt direct additionnel à la taxe foncière sur les propriétés bâties. Les EPCI qui l'instituent en votent les taux dans les conditions de fixation des taux de la fiscalité directe locale (art. 1639 A du CGI). Ils peuvent voter des taux différents par zone d'enlèvement des ordures ménagères en fonction de l'importance du service rendu à l'usager. Toutefois, la loi réserve la possibilité aux EPCI de voter, pendant une période de cinq ans à compter de l'institution de la taxe, des taux différents par commune ou groupe de communes afin de lisser les hausses d'impôt liées à l'harmonisation du mode de financement. Cette possibilité peut également être mise en œuvre en cas de rattachement de commune à l'EPCI.

La REOM est égale au coût réel du service.

La taxe ou la redevance peut être instituée par un EPCI ou un syndicat mixte qui bénéficie de l'ensemble de la compétence et qui en assure au moins la collecte. Cependant, si la taxe ou la redevance ne peut être perçue qu'à un seul niveau (quel que soit ce niveau de perception), des reversements aux structures de traitement sont possibles. Ces reversements s'effectuent par voie conventionnelle pour les EPCI à fiscalité propre. Ainsi, lorsque la commune assure la collecte et a transféré l'élimination à un EPCI à fiscalité propre, des reversements partiels de taxe (article 1520 du CGI) ou de redevance (article L 2333-76 du CGCT) peuvent être institués par délibérations concordantes entre la commune et la structure intercommunale. En ce qui concerne les syndicats ou syndicats mixtes, le financement de l'élimination s'effectue selon le moyen classique des contributions versées par les communes ou, le cas échéant, des EPCI membres du syndicat mixte.

A contrario, la commune ou l'EPCI qui s'est dessaisi de l'ensemble de la compétence n'a plus le droit d'instituer ni de percevoir la TEOM ou la REOM.

Cependant, par dérogation au principe selon lequel l'institution du financement des ordures ménagères par l'EPCI est subordonnée à l'exercice de l'ensemble de la compétence élimination, l'EPCI qui adhère à un syndicat mixte pour cette compétence peut, par dérogation au droit commun, percevoir la taxe ou la redevance en lieu et place du syndicat mixte. Une telle disposition est d'autant plus importante qu'elle est liée aux modalités de calcul de la DGF. En effet, le produit de la taxe ou de la redevance est alors comptabilisé dans le coefficient d'intégration fiscale de l'EPCI.

Ainsi, les EPCI à fiscalité propre qui exercent la totalité de la compétence élimination (définie à l'article L. 2224-13 du CGCT) et qui adhèrent, pour l'ensemble de cette compétence, à un syndicat mixte, peuvent décider :
– soit d'instituer la taxe pour leur propre compte (avant le 15 octobre ou le 15 janvier pour les EPCI créés *ex nihilo* en déterminant, le cas échéant, les différentes zones de perception) dans le cas où le syndicat mixte ne l'aurait pas instituée avant le 1er juillet. Ils peuvent également décider de percevoir la taxe en lieu et place du syndicat mixte qui l'aurait instituée sur l'ensemble du périmètre syndical (article 1609 *nonies* A ter du CGI) ;
– soit d'instituer la redevance pour leur propre compte (en fixant eux-mêmes les modalités de tarification) dans le cas où le syndicat mixte ne l'aurait pas instituée avant le 1er juillet. Ils peuvent aussi décider de percevoir la redevance en lieu et place du syndicat mixte qui l'aurait instituée sur l'ensemble du périmètre syndical (article L 2333-76 du CGCT).

Dans les deux cas, si le syndicat mixte décide, postérieurement, d'instituer la taxe ou la redevance, la délibération prise par le syndicat ne s'applique pas sur le territoire de l'EPCI, sauf si ce dernier rapporte sa délibération.

La date limite d'institution (et, le cas échéant, d'exonération ou de réduction) de la TEOM doit être prise avant le 15 octobre d'une année pour application l'année suivante. Toutefois, les EPCI créées *ex nihilo* ou qui accueillent de nouveaux membres (communes ou groupements) ont jusqu'au 15 janvier de l'année suivant celle de leur création pour délibérer.

La REOM peut être instituée à n'importe quel moment de l'année.

Ressources fiscales diverses

Les établissements publics de coopération intercommunale à taxe professionnelle unique sont autorisés à percevoir, à la place des communes membres, selon les compétences qui leur sont transférées :
– la taxe de balayage[18] ;
– la taxe de séjour[19] (art. L 5211-21 et L 5722-6 du CGCT) ;
– les taxes sur la publicité[20] (art. L 2333-2 à L 2333-5 du CGCT) ;
– la taxe sur les fournitures d'électricité[21], au lieu et place des communes membres dont la population agglomérée au chef-lieu est inférieure ou égale à 2 000 habitants ;
– la taxe sur les remontées mécaniques ;
– le versement transport ;
– les taxes d'urbanisme.

À compter de 2007, l'EPCI[22] est autorisé à percevoir la taxe sur les pylônes sur délibérations concordantes de l'établissement public et de la commune site du pylône. La taxe reste communale mais peut être perçue au niveau intercommunal.

LES SOLIDARITÉS FISCALES ENTRE EPCI

La loi n° 80-10 du 10 janvier 1980 organise les partages de taxe professionnelle (article 11) et de foncier bâti (article 29) entre communes et EPCI ou entre communes.

Instituée à l'origine pour des syndicats de communes ou des syndicats mixtes, la péréquation de la loi de 1980 s'est avérée particulièrement intéressante et a donné lieu à des réalisations tout à fait remarquables. La pratique montre souvent que plusieurs années de travail en commun avec l'élaboration de tels mécanismes de péréquation, parfois sophistiqués, ont permis d'aboutir, par la suite, à la transformation de ces péréquations en taxe professionnelle unique.

---

18. Article 1609 *nonies* D du CGI.
19. *Idem.*
20. *Idem.*
21. *Idem.*
22. Cette disposition est également applicable aux EPCI à fiscalité propre additionnelle.

Ces partages permettent la rationalisation du produit de taxe professionnelle, selon la logique de produit qu'elle met en œuvre (après péréquation, les communes riches le sont un peu moins et les communes pauvres le sont également un peu moins), mais sans modifier fondamentalement les écarts de richesses, dus essentiellement aux différences de taux de taxe professionnelle.

En revanche, le « mixage » de ce type de péréquation avec l'institution de la fiscalité propre, désormais prévu par la loi de 1999, redonne une nouvelle actualité à cette péréquation et peut donner des résultats intéressants.

La loi de 1980 prévoit que la mise en commun de la taxe professionnelle ou du foncier bâti peut s'effectuer soit dans le cadre d'un EPCI (ou d'un syndicat mixte), qui crée ou gère une zone d'activités économiques, soit dans le cadre de conventions entre communes membres du syndicat dans un but de partage de l'impôt communal. L'affectation au groupement de la part communale de l'impôt doit faire l'objet de délibérations concordantes du groupement et des communes concernées.

Dans de tels cas de figure, il s'agit de partager de l'impôt communal et donc l'engagement de partage doit toujours provenir de la commune. En d'autres termes, aucune commune ne peut être contrainte à accepter contre son gré un mécanisme de péréquation. Juridiquement, la loi de 1980 exige l'établissement de conventions entre le syndicat qui reçoit et les communes qui donnent. Ces conventions doivent être chiffrées annuellement car, et là est sans doute la fragilité du système, une commune peut toujours revenir sur ses engagements et ne plus accepter de partager ses ressources fiscales.

Lorsqu'une commune adhère à un EPCI à taxe professionnelle unique, l'EPCI lui est substitué dans l'accord conventionnel antérieurement conclu.

De même, la communauté bénéficiaire de la taxe professionnelle unique est, de droit, substituée à ses communes membres lorsque préexistaient des accords de partage de taxe professionnelle.

La loi du 13 août 2004 relative aux libertés et responsabilités locales précise que lorsqu'un EPCI à fiscalité propre intervient sur le périmètre d'un autre EPCI à fiscalité propre ou sur le territoire d'une commune située hors de son périmètre, pour contribuer financièrement à la création ou à l'équipement de zones d'activités industrielles, commerciales, tertiaires, artisanales, touristiques, portuaires et aéroportuaires dont l'intérêt leur est commun, tout ou partie de la part intercommunale ou communale de la taxe professionnelle ou du foncier bâti acquittée par les entreprises implantées sur ce territoire peut être affecté à l'EPCI contributeur. La décision doit être prise par délibérations concordantes de l'organe délibérant des EPCI ou de la commune concernés. La délibération fixe la durée de cette affectation de ressource en tenant compte de la nature des investissements et de l'importance des ressources fiscales qu'ils génèrent.

La loi de 1980 n'évoque que des partages de taxe professionnelle et de foncier bâti, mais les communes peuvent également se partager d'autres impôts, de la taxe d'habitation ou, plus souvent, de la taxe locale d'équipement.

Un EPCI à fiscalité propre additionnelle, avec ou sans taxe professionnelle de zone, peut instituer dans ses statuts une dotation de solidarité au profit de ses communes membres ou d'EPCI à fiscalité propre limitrophes. Cette dotation est calculée par référence à un certain pourcentage du produit de taxe professionnelle ou du produit des quatre taxes perçu par l'EPCI. Les critères de répartition doivent être définis dans les statuts.

LES DOTATIONS DE L'ÉTAT | 3

LA DOTATION GLOBALE DE FONCTIONNEMENT

Le financement de l'intercommunalité

Les EPCI dotés d'une fiscalité propre reçoivent à titre de recette de fonctionnement non affectée la dotation globale de fonctionnement (DGF). Le calendrier propre à la DGF suit le calendrier fiscal, un EPCI percevant sa première attribution de DGF l'année où il perçoit sa première fiscalité.

La fraction de DGF intercommunale est qualifiée de « dotation d'intercommunalité[1] ».

Par ailleurs, depuis 2004, l'architecture des dotations de l'État a été modifiée, notamment par l'intégration de la compensation relative à la suppression de la part salaire de la taxe professionnelle[2]. En ce qui concerne les EPCI, la réforme a donc permis d'instituer, en plus de la dotation d'intercommunalité, une **dotation de compensation** reprenant pour l'essentiel l'ancienne compensation relative à la suppression de la part salaire de la taxe professionnelle et la compensation que percevaient certains EPCI au titre des baisses de DCTP subies entre 1998 et 2001. Cette dotation évolue comme la part « compensations » de la dotation forfaitaire des communes, soit au plus 50 % du taux de croissance de la DGF. Elle est versée par douzièmes mensuels. En cas d'intégration d'une commune à un EPCI à taxe professionnelle unique, la part de la dotation forfaitaire correspondant à l'ancienne compensation part salaire est versée à l'EPCI en lieu et place de la commune.

1. Pour l'historique du passage de la DGF à la dotation d'intercommunalité, il est nécessaire de se référer aux trois éditions précédentes.
2. Ainsi que le fonds national de péréquation, la compensation de la suppression de la part régionale de la taxe d'habitation, 95 % de la dotation globale de décentralisation et le fonds de correction des déséquilibres régionaux.

Le montant des ressources affectées à la DGF des communes et des EPCI en 2006 a été de 21 797 M€. Sur ce montant, 3 868 M€ ont été attribués à la dotation d'intercommunalité et 2 143 M€ à la dotation de compensation.

Les règles générales de répartition de la dotation d'intercommunalité

Le montant total des crédits alloués à la dotation d'intercommunalité est fixé chaque année par le Comité des finances locales qui la répartit entre les cinq catégories d'EPCI suivantes :
– les SAN ;
– les communautés urbaines ;
– les communautés de communes à fiscalité propre additionnelle ;
– les communautés de communes à taxe professionnelle unique ;
– les communautés d'agglomération.

La dotation par habitant de chaque catégorie d'EPCI est fixée par le Comité des finances locales, à l'exception des communautés urbaines pour lesquelles la dotation est forfaitisée.

L'évolution de la DGF, les années suivant celle de première perception de la dotation, est liée aux règles légales d'indexation et d'application de mécanismes de garanties propres à chaque catégorie d'EPCI. À l'intérieur de ce cadre légal, le Comité des finances locales a la faculté d'utiliser une certaine marge de manœuvre dans l'évolution des différentes dotations. À titre d'exemple, les répartitions ont impliqué, en moyenne, les montants suivants au titre de l'année 2006 :

Nature d'EPCI	Montant moyen par habitant
Communautés de communes à fiscalité propre additionnelle	17,97 €
Communautés de communes à TPU non bonifiées	21,95 €
Communautés de communes à TPU bonifiées	30,53 €
SAN	45,75 €
Communautés d'agglomération	42,38 €

Les règles particulières de répartition de la dotation d'intercommunalité

La dotation de tous les EPCI est constituée d'une dotation de base et d'une dotation de péréquation qui représentent respectivement 30 % et 70 % des sommes affectées à chacune des catégories de groupements, à l'exception des communautés urbaines dont la DGF forfaitisée évolue par application d'un indice d'évolution.

LA DOTATION DE BASE

Cette dotation est égale au produit d'une attribution moyenne par habitant (en fonction d'une valeur de point) calculée en tenant compte de la population[3] totale des communes regroupées, pondéré par le coefficient d'intégration fiscale (CIF) de l'EPCI.

La dotation de base des EPCI à taxe professionnelle unique (à l'exception des SAN) est, depuis la loi de 1999, calculée en tenant compte du CIF intervenant de façon progressive à hauteur de 10 % par an, soit 70 % en 2006 et 80 % en 2007.

Le CIF, qui sert à mesurer l'intégration fiscale de l'EPCI par rapport à ses communes membres est égal au rapport entre les recettes relatives aux quatre taxes directes locales (y compris la dotation de compensation, hors baisses de DCTP), auxquelles s'ajoutent, le cas échéant, la redevance d'assainissement (pour les seules communautés d'agglomération) et la taxe ou la redevance d'enlèvement des ordures ménagères perçues par l'EPCI et le total de ces mêmes ressources perçues par les communes regroupées et l'ensemble des EPCI situés sur leur territoire (compte tenu des syndicats intercommunaux).

Le CIF des EPCI à taxe professionnelle unique intègre également les produits perçus par ces groupements au titre du foncier bâti, du foncier non bâti et de la taxe d'habitation dès lors qu'ils ont, depuis 2000, la possibilité de lever une fiscalité additionnelle sur ces trois taxes en plus de leurs recettes de taxe professionnelle (« fiscalité mixte »).

Le numérateur des EPCI à taxe professionnelle unique (hors SAN) est minoré de certaines dépenses de transferts afin de mieux mesurer l'intégration fiscale effective de ces EPCI. Les dépenses de transfert retenues pour déterminer le CIF sont, à compter de 2005, l'attribution de compensation et la moitié de la dotation de solidarité communautaire, constatées dans le dernier compte administratif disponible. En revanche, les attributions de compensation dites « négatives » majorent le produit fiscal pris en compte. À compter de 2006, ces dépenses sont déduites du numérateur du CIF à hauteur de l'intégralité de leur montant.

LA DOTATION DE PÉRÉQUATION

Elle est répartie en fonction de la population, de l'écart relatif de potentiel fiscal et, depuis 1999, du CIF (sauf pour les SAN).

Le potentiel fiscal des EPCI est le produit des bases brutes des quatre taxes directes locales par le taux moyen national des taxes concernées de l'année précédente applicable à la catégorie de l'EPCI.

3. Somme de la population DGF des communes membres.

En ce qui concerne les EPCI à taxe professionnelle unique hors SAN, le potentiel fiscal est globalement proche d'un potentiel fiscal fondé sur la seule taxe professionnelle, peu d'EPCI ayant pour l'heure levé une fiscalité ménage complémentaire (pour les SAN, il s'agit d'un potentiel fiscal exclusivement fondé sur la taxe professionnelle).

Les règles catégorielles d'attribution de la DGF

Première année

La première année de perception de la DGF, un abattement de 50 % est opéré sur les dotations de base et de péréquation des communautés de communes.

Au titre de la première année d'attribution de la dotation dans une catégorie, le CIF à prendre en compte est égal, pour les communautés de communes et les communautés d'agglomération, au CIF moyen de la catégorie.

Deuxième année

La deuxième année, les EPCI perçoivent leur attribution de DGF de façon spontanée, sans garantie ni écrêtement. Toutefois, en cas de création *ex nihilo* d'une communauté d'agglomération, la DGF par habitant de deuxième année ne peut être inférieure à celle perçue la première année indexée comme la dotation forfaitaire des communes.

La deuxième année d'attribution de la dotation dans la même catégorie, les dépenses de transfert de l'EPCI de la pénultième année n'étant pas connues, le CIF de l'EPCI non corrigé des dépenses de transfert est pondéré par le rapport entre le CIF moyen de la catégorie et le CIF moyen non corrigé des dépenses de transfert de la même catégorie en ce qui concerne les communautés de communes à taxe professionnelle unique et les communautés d'agglomération.

Troisième année

La troisième année, les communautés de communes et les communautés d'agglomération ont la garantie de percevoir une DGF au moins égale à 80 % de la dotation par habitant perçue l'année précédente.

Les SAN ont la garantie de percevoir une DGF progressant au moins comme la dotation forfaitaire des communes.

Garanties

Les EPCI dont la dotation par habitant spontanée perçue au titre des dotations de base et de péréquation est supérieure à la dotation spontanée perçue l'année précédente ne peuvent percevoir une dotation d'intercommunalité par habitant totale, c'est-à-dire garantie incluse, inférieure à celle de l'année précédente.

Les EPCI, dont la dotation par habitant spontanée perçue au titre des dotations de base et de péréquation est en diminution par rapport à l'année précédente, sont assurés que le pourcentage de diminution de leur attribution totale par habitant par rapport à l'année précédente, c'est-à-dire garantie incluse, ne peut excéder celui constaté pour la somme des dotations de base et de péréquation.

La garantie calculée dans ces deux cas ne peut représenter plus de 40 % de la dotation totale attribuée.

Si plusieurs garanties sont applicables, seule est retenue la garantie la plus favorable.

Les communautés de communes et les communautés d'agglomération dont le CIF est supérieur au double du CIF moyen de la catégorie à laquelle ils appartiennent reçoivent une dotation par habitant progressant comme la dotation forfaitaire des communes.

Majorations

Les « super » communautés de communes perçoivent une majoration de DGF, égale au produit d'une attribution moyenne par habitant (en fonction d'une valeur de point majorée), calculée en fonction de la population et pondéré par le CIF de l'EPCI, comme la dotation de base.

Depuis 2002, une majoration, donnée aux communautés de communes à fiscalité additionnelle percevant la DGF pour la deuxième année au moins dans la catégorie, s'ajoute aux dotations de base et de péréquation. Le montant moyen de cette majoration est égal à la différence entre la dotation moyenne par habitant effectivement perçue en 2003 par les communautés de communes concernées, indexée sur le taux de progression de la dotation forfaitaire, et la dotation moyenne par habitant de la catégorie.

Écrêtement

Les communautés de communes à fiscalité propre additionnelle ne peuvent percevoir une dotation supérieure à 120 % de la dotation par habitant perçue l'année précédente. Toutefois, cette disposition ne s'applique pas aux EPCI créés après le 1er janvier 1992 tant que leur dotation spontanée par habitant est inférieure à 120 % de la dotation par habitant perçue la première année dans la catégorie. Le produit tiré de cet écrêtement est réparti entre tous les EPCI membres de cette catégorie.

Changement de catégorie

Si un EPCI change de catégorie, il est assuré de percevoir, au titre de l'année où il lève sa fiscalité pour la première fois dans la nouvelle catégorie et de l'année suivante, une DGF au moins égale à celle de l'année précédente augmentée comme la dotation forfaitaire des communes.

Si l'EPCI fait application du régime fiscal de taxe professionnelle unique, il ne peut percevoir une DGF par habitant respectivement inférieure à 95 %, 90 % et 85 % de la dotation par habitant perçue l'année précédente.

La dotation par habitant moyenne des communautés d'agglomération issues de la transformation d'un SAN, ne peut être inférieure à la dotation par habitant moyenne des SAN. Cette majoration est calculée comme la dotation de base et la dotation de péréquation.

Dissolution

L'année suivant la dissolution d'un EPCI, le montant de la dotation de péréquation qui aurait dû lui revenir augmenté, le cas échéant, de la garantie au titre de cette dotation dont il aurait été bénéficiaire, est partagé entre ses communes membres au prorata de la somme des produits des taxes foncières sur les propriétés bâties et non bâties, de la taxe d'habitation, de la taxe et la redevance des ordures ménagères constatés la dernière année de fonctionnement sur le territoire de chacune d'elles pour le compte de l'établissement public.

Aucune attribution n'est versée aux communes qui adhèrent, l'année de la dissolution, à un autre EPCI à fiscalité propre.

LA DOTATION GLOBALE D'ÉQUIPEMENT

La dotation globale d'équipement (DGE) est attribuée aux EPCI, dotés ou non de la fiscalité propre, sous forme de subventions par opération, selon un régime unique.

En ce qui concerne les EPCI, jusqu'à la parution de la loi de 1999, seuls ceux de 20 000 habitants au plus (35 000 habitants en outre-mer) y étaient éligibles. La loi de 1999 ajoute la catégorie des EPCI de plus de 20 000 habitants (35 000 habitants en outre-mer) composés uniquement de communes éligibles à la DGE.

Les subventions sont attribuées par le préfet, qui dispose d'une enveloppe départementale, après avis d'une commission d'élus chargée de déterminer les catégories d'opérations prioritaires et les fourchettes de taux applicables dans la limite de 20 % à 60 % du montant hors taxe de l'investissement.

LA DOTATION DE DÉVELOPPEMENT RURAL

La dotation de développement rural (DDR), qui est une fraction du fonds national de péréquation de la taxe professionnelle, est une dotation réservée à certains EPCI. Il s'agit d'EPCI à fiscalité propre, exerçant une compétence en matière d'aménagement de l'espace et de développement économique dont la population regroupée n'excède pas 60 000 habitants et qui ne satisfont pas aux seuils de population nécessaires pour une transformation en communauté d'agglomération, si les deux tiers au moins des communes membres comptent moins de 5 000 habitants.

Les attributions sont arrêtées par le préfet, sous forme de subventions, après avis d'une commission d'élus, composée des représentants des présidents d'EPCI dont la population n'excède pas 60 000 habitants, désignés par l'association des maires du département ou par un collège regroupant les présidents d'EPCI.

Les crédits de la DDR sont répartis entre les départements en tenant compte du nombre de communes regroupées et du nombre d'EPCI, de la population regroupée, du potentiel fiscal et du coefficient d'intégration fiscale de ces établissements, et, le cas échéant, du nombre de communes regroupées et d'EPCI situés en zone de montagne.

La commission évalue les attributions en fonction de critères comprenant notamment l'augmentation attendue des bases de fiscalité directe locale ou les créations d'emplois prévues sur le territoire des EPCI considérés.

LE FONDS DE COMPENSATION DE LA TVA

Les EPCI, dotés ou non de la fiscalité propre, peuvent recevoir au titre du FCTVA une attribution remboursant une partie de la TVA acquittée sur les dépenses d'investissements qui y ouvrent droit. En ce qui concerne les syndicats mixtes, ils ne peuvent y prétendre que s'ils regroupent des collectivités territoriales ou des groupements de collectivités territoriales.

Les dépenses d'équipements éligibles au FCTVA doivent être afférentes à des opérations intégrées dans le patrimoine de l'EPCI. Toutefois, dans un souci de simplification et de neutralisation du choix de gestion d'un équipement public, le bénéfice du FCTVA est acquis, quel que soit le mode de gestion retenu, dès lors que l'utilisation, la gestion ou l'exploitation de l'équipement par le tiers constitue une simple modalité d'exécution d'un service public ou répond à un besoin d'intérêt général. Ainsi, aucun reversement du FCTVA perçu n'est exigible lorsqu'un EPCI qui exerce une activité pour laquelle il n'est pas assujetti à la TVA confie ensuite le bien à un tiers. De telles dispositions s'appliquent également aux EPCI, qui, dans le cadre d'un transfert de compétence, mettent des immobilisations à disposition d'un EPCI ou d'un syndicat mixte pour les besoins d'une activité qui n'est plus soumise à la TVA.

L'année de remboursement au titre du FCTVA est différente selon la nature juridique de l'EPCI.

Les EPCI autres que les communautés de communes et les communautés d'agglomération bénéficient du remboursement **la pénultième année**, soit deux ans après la réalisation de la dépense. Les communautés de communes et les communautés d'agglomération en bénéficient **l'année même** de réalisation de la dépense.

La compensation est égale au produit des dépenses d'investissements réellement engagées multiplié par un taux de compensation forfaitaire égal à 16,176 %. C'est une recette d'investissement non affectée.

LES FUSIONS D'ÉTABLISSEMENTS PUBLICS DE COOPÉRATION INTERCOMMUNALE

4

INTRODUCTION

La loi relative aux libertés et responsabilités locales crée la procédure de fusion d'EPCI dans le droit de la coopération intercommunale. La section VII intitulée « *transformation* » devient « *Transformation et fusion* ». Jusqu'alors, une telle procédure n'existait pas et nécessitait, le cas échéant, la dissolution d'EPCI suivie de la création d'un nouvel EPCI.

La procédure de fusion est construite sur celle de la création d'EPCI. Elle comporte des règles institutionnelles et des règles fiscales.

LES RÈGLES INSTITUTIONNELLES

Fusion d'établissements publics de coopération intercommunale

Codifiée à l'article L 5211-41-3 du CGCT, la nouvelle procédure vise la fusion d'EPCI dont au moins l'un d'entre eux est à fiscalité propre.

Le projet de périmètre de l'EPCI envisagé peut être fixé par arrêté préfectoral (ou, le cas échéant, par arrêté préfectoral conjoint) :

dans un délai de deux mois à compter de la première délibération transmise, soit à l'initiative d'un ou de plusieurs conseils municipaux des communes membres, soit à celle de l'organe délibérant des EPCI voulant fusionner ;

– à l'initiative du préfet (ou des préfets) après avis de la (ou des) commission(s) départementale(s) de la coopération intercommunale concernée(s). L'avis est réputé acquis s'il n'a pas été rendu dans un délai de deux mois à compter de la saisine de la CDCI.

L'arrêté établit la liste des EPCI intéressés. **Un tel projet de périmètre peut aussi inclure des communes en vue de délimiter un territoire d'un seul tenant et sans enclave.** Toutefois, le projet de périmètre ne peut inclure, sans leur accord, des communes appartenant à un EPCI à fiscalité propre. Le cas échéant, le retrait s'effectue selon la procédure normale de retrait.

À compter de la notification de cet arrêté, les conseils municipaux concernés (soit ceux des communes membres des EPCI intéressés soit ceux des communes dont l'inclusion est envisagée) et l'organe délibérant de chacun de ces EPCI, disposent d'un délai de trois mois pour se prononcer. À défaut de délibération, l'accord est réputé acquis.

Dans ce délai, l'ensemble des conseils municipaux concernés par le projet de fusion se prononcent également sur la répartition des sièges au conseil du nouvel établissement en fonction des règles qui le régissent.

La fusion est constatée par arrêté préfectoral (ou arrêté préfectoral conjoint), après accord des conseils municipaux et des organes délibérants des EPCI figurant sur l'arrêté préalable de périmètre.

L'accord doit être exprimé par les organes délibérants des EPCI et par deux tiers au moins des conseils municipaux de toutes les communes incluses dans le projet de périmètre représentant plus de la moitié de la population totale ou par la moitié au moins des conseils municipaux des communes représentant les deux tiers de la population.

L'EPCI issu de la fusion relève de droit de la catégorie de l'EPCI à fiscalité propre inclus dans le projet ayant, de par la loi, le plus de compétences.

Les compétences obligatoires ou optionnelles qu'avaient transférées les communes aux EPCI, avant la fusion, sont exercées par le nouvel EPCI sur l'ensemble de son périmètre. Les compétences facultatives sont, au choix, exercées par l'EPCI ou restituées aux communes.

L'ensemble des biens, droits et obligations des EPCI fusionnés sont transférés à l'EPCI issu de la fusion.

Si la fusion emporte le transfert de compétences des communes au nouvel EPCI, ces transferts s'effectuent selon les règles classiques applicables aux transferts de compétences (cf. *supra*).

L'établissement public issu de la fusion est substitué de plein droit, pour l'exercice de ses compétences, aux anciens EPCI et, le cas échéant, aux communes incluses dans son périmètre, dans toutes leurs délibérations et actes.

Les contrats en cours sont normalement exécutés jusqu'à leur échéance, sauf accord contraire des parties. Les cocontractants sont informés de la substitution de personne morale par l'EPCI issu de la fusion. Cette substitution n'entraîne aucun droit à résiliation ou à indemnisation pour le cocontractant.

Les personnels sont réputés relever de l'établissement issu de la fusion dans les conditions de statut et d'emploi qui sont les siennes.

La fusion s'effectue à titre gratuit sans paiement d'indemnité, droit, taxe, salaire ou honoraires.

Elle entraîne une nouvelle élection des délégués des communes au conseil du nouvel EPCI.

Fusions de syndicats mixtes

Sans déroger fondamentalement au nouveau droit applicable en matière de fusion d'EPCI, la loi traite de manière spécifique les fusions de syndicats mixtes.

En ce qui concerne la fusion de syndicats mixtes fermés (nouvel art. L 5711-2 du CGCT) ou de syndicats mixtes ouverts (art. L 5721-2 du CGCT), les règles sont celles concernant la fusion d'EPCI, à l'exception des dispositions relatives à la continuité territoriale, qui ne s'imposent pas.

L'accord sur la fusion des syndicats mixtes fermés doit être exprimé par délibérations concordantes des organes délibérants des syndicats mixtes intéressés et par les deux tiers au moins des membres de chaque syndicat (EPCI et communes directement adhérentes) représentant plus de la moitié de la population totale, ou, par la moitié au moins des membres de chaque syndicat représentant les deux tiers de la population.

L'accord sur la fusion des syndicats mixtes ouverts doit être exprimé à l'unanimité, c'est-à-dire par délibérations concordantes des organes délibérants des syndicats mixtes intéressés et des membres les constituant.

LES RÈGLES FISCALES

Les règles fiscales relatives aux fusions d'EPCI sont codifiées dans un nouvel article du Code général des impôts, l'article 1638-0 bis, qui suit l'article 1638 relatif aux dispositions fiscales propres aux fusions de communes. Différents cas de figure sont à envisager.

Par ailleurs, sont également prévues les règles applicables en matière d'exonération et d'abattements fiscaux.

1er cas : fusion d'EPCI à fiscalité propre additionnelle

DÉTERMINATION DU RÉGIME FISCAL

Si la fusion unit des EPCI à fiscalité propre additionnelle, le nouvel EPCI issu de la fusion est soumis de plein droit au régime de la fiscalité propre additionnelle.

Il en va de même en cas de fusion d'EPCI à fiscalité propre additionnelle et de syndicat.

CALCUL DES TAUX DE PREMIÈRE ANNÉE

L'organe délibérant du nouvel EPCI dispose d'un choix en la matière. En effet,

a) soit l'EPCI se place dans une continuité, auquel cas les taux sont déterminés par rapport à ceux de l'année précédente. Les taux de chaque taxe de l'année précédente sont égaux aux taux moyens pondérés par les bases des anciens EPCI à fiscalité propre additionnelle. La première année de vote des taux du nouvel EPCI, les règles normales de vote des taux (de liens entre les taux notamment) s'appliquent. Dans le cas d'une fusion entre un EPCI à fiscalité propre additionnelle et un syndicat, les taux retenus sont ceux de l'EPCI à fiscalité propre additionnelle ;

b) soit les taux des quatre taxes sont calculés comme s'il s'agissait d'une création *ex nihilo*[1]. Le taux moyen pondéré de chacune des taxes tient compte des produits perçus par les EPCI préexistants. L'EPCI détermine un produit attendu et les taux sont déterminés au terme d'un calcul mathématique, reproduisant la structure des taux existant sur le territoire des anciens EPCI, l'année précédente.

2e cas : fusion d'EPCI à fiscalité propre additionnelle et à taxe professionnelle de zone

DÉTERMINATION DU RÉGIME FISCAL

Si la fusion unit des EPCI à fiscalité propre additionnelle et à taxe professionnelle de zone, le nouvel EPCI issu de la fusion est soumis de plein droit à ce même régime fiscal.

Il en va de même en cas de fusion d'EPCI à fiscalité propre additionnelle et à taxe professionnelle de zone et d'EPCI à fiscalité propre additionnelle et/ou de syndicat.

CALCUL DES TAUX DE PREMIÈRE ANNÉE

Dans un tel cas de figure et pour la première année suivant celle de la fusion, les dispositions précédentes du a) s'appliquent.

Ainsi, le taux de taxe professionnelle de zone voté par l'EPCI issu de la fusion ne peut excéder le taux moyen pondéré par les bases de l'année précédente des communes membres. Ce taux moyen tient compte des produits, pondérés par les bases, perçus par les EPCI préexistants.

---

1. Les taux de l'année précédente sont égaux au taux moyen de chaque taxe des EPCI à fiscalité propre additionnelle pondéré par l'importance des bases.

Toutefois, lorsque le taux moyen pondéré est inférieur à un ou aux taux de taxe professionnelle de zone, le nouvel EPCI peut décider de fixer son taux dans la limite du ou des taux de taxe professionnelle de zone votés l'année précédente par les EPCI préexistants.

L'organe délibérant de l'EPCI peut décider d'appliquer la procédure d'intégration fiscale progressive. Si les EPCI préexistants en faisaient application, il est tenu compte du taux effectivement appliqué sur le territoire de la commune au titre de l'année précédente.

À l'extérieur de la zone, le dispositif de fiscalité propre additionnelle s'applique normalement.

Remarque commune

Si la fusion unit des EPCI à fiscalité propre additionnelle et/ou à taxe professionnelle de zone, le nouvel EPCI issu de la fusion est soumis de plein droit au régime de la fiscalité propre additionnelle et/ou à taxe professionnelle de zone. Néanmoins, le conseil communautaire peut opter, à la majorité simple, pour le régime fiscal de la taxe professionnelle unique. L'option doit être prise au plus tard le 31 décembre de l'année de la fusion. Dans ce cas de figure, le taux de taxe professionnelle de première année ne peut excéder le taux moyen pondéré des communes membres, compte tenu, le cas échéant, des produits perçus par les EPCI préexistants. À partir de la deuxième année, les taux sont votés selon les règles normales.

3e cas : fusion d'EPCI à taxe professionnelle unique

DÉTERMINATION DU RÉGIME FISCAL

Si la fusion unit des EPCI à taxe professionnelle unique, le nouvel EPCI issu de la fusion est soumis de plein droit à ce même régime fiscal.

Il en va de même en cas de fusion d'EPCI à taxe professionnelle unique et d'EPCI à fiscalité propre additionnelle (avec ou sans taxe professionnelle de zone) ou de syndicat.

CALCUL DES TAUX DE PREMIÈRE ANNÉE

La première année suivant celle de la fusion, le taux de taxe professionnelle voté par le nouvel EPCI ne peut excéder le taux moyen pondéré de taxe professionnelle des communes membres constaté l'année précédente. Ce taux moyen tient compte des produits, pondérés par les bases, perçus par les EPCI préexistants en application de la taxe professionnelle unique ou de la taxe professionnelle de zone.

L'organe délibérant de l'EPCI peut décider d'appliquer la procédure d'intégration fiscale progressive. Pour l'application de ces dispositions, il est tenu compte du taux constaté dans chaque zone et du taux effectivement appliqué sur le territoire de la commune au titre de l'année précédente pour les EPCI préexistants faisant application du dispositif de réduction des écarts de taux.

Si l'un au moins des EPCI préexistants percevait la fiscalité mixte, le nouvel EPCI n'y est pas soumis de plein droit. Il ne pourra la percevoir qu'après délibération du conseil communautaire statuant à la majorité simple et optant pour ce régime fiscal au plus tard au 31 décembre de l'année de la fusion.

Règles relatives aux exonérations fiscales

LA TAXE D'ENLÈVEMENT DES ORDURES MÉNAGÈRES

Le nouvel EPCI doit prendre les délibérations relatives à la perception de la taxe d'enlèvement des ordures ménagères avant le 15 janvier de l'année qui suit celle de la fusion. À défaut de délibération, le régime applicable en matière de TEOM sur le territoire des EPCI fusionnés ou sur celui des communes incluses dans le nouveau périmètre est maintenu l'année suivant celle de la fusion. Le nouvel EPCI perçoit la taxe au lieu et place des EPCI fusionnés.

LES EXONÉRATIONS DE TAXE PROFESSIONNELLE

L'EPCI issu de la fusion ou, lorsque le périmètre du nouvel EPCI a été fixé par arrêté du préfet, les conseils municipaux des communes membres ou l'organe délibérant du ou des EPCI, doivent prendre, avant le 1er octobre de l'année de la fusion, les délibérations applicables à compter de l'année suivante en matière de taxe professionnelle sur l'ensemble du territoire.

À défaut de délibérations, les décisions adoptées antérieurement par chaque EPCI préexistant sont maintenues, selon le cas, soit pour leur durée et leur quotité[2], soit pour l'année suivant celle de la fusion[3], lorsqu'elles sont en cours d'application ou sont applicables pour la première fois l'année suivant celle de la fusion.

---

2. Il s'agit des délibérations relatives aux articles 1464 B, 1464 D, 1464 E, 1464 F, 1464 G, 1465, 1465 A, 1465 B, des I, I *ter*, I *quater* et I *quinquies* de l'article 1466 A et des articles 1466 B, 1466 B *bis* et 1466 C du CGI.
3. Il s'agit des délibérations relatives aux articles 1459 (3°), 1464, 1464 A, 1464 H, 1469 A *quater*, 1518 A et 1647 D du CGI.

Lorsque le nouvel EPCI est à taxe professionnelle unique, il est de même pour les délibérations prises par les communes nouvellement incluses et par les communes membres d'un EPCI préexistant à fiscalité propre additionnelle ou d'un syndicat (toutefois, dans ce dernier cas, les exonérations sont maintenues en proportion du taux d'imposition de la commune et de l'EPCI l'année de la fusion).

LES EXONÉRATIONS DE FISCALITÉ MÉNAGE

L'EPCI issu de la fusion ou, lorsque le périmètre du nouvel EPCI a été fixé par arrêté du préfet, les conseils municipaux des communes membres ou l'organe délibérant du ou des EPCI, doivent prendre, avant le 1er octobre de l'année de la fusion, les délibérations applicables à compter de l'année suivante en matière de taxe d'habitation et de taxes foncières sur l'ensemble du territoire. À défaut de délibérations, les décisions adoptées par chaque EPCI préexistant sont maintenues, selon le cas, soit pour leur durée et leur quotité[4], soit pour l'année suivant celle de la fusion[5], lorsqu'elles sont en cours d'application ou sont applicables pour la première fois l'année suivant celle de la fusion.

Règles relatives aux compensations fiscales

Lorsqu'ils relèvent du régime de la fiscalité additionnelle, les EPCI issus d'une fusion perçoivent au lieu et place des EPCI préexistants les compensations relatives aux exonérations de taxe professionnelle. La compensation est déterminée en retenant les bases constatées au sein de chacun des périmètres des EPCI préexistants et le taux retenu pour le calcul de la compensation antérieurement à la fusion.

Ils perçoivent également, pour la première année suivant celle de la fusion, les compensations de foncier bâti. La compensation est déterminée en retenant le montant de l'abattement ou de la base exonérée au sein du périmètre de chacun des EPCI et le taux des taxes foncières voté l'année précédente par chaque EPCI préexistant.

Ces dernières dispositions s'appliquent également aux EPCI de la fusion percevant la fiscalité mixte.

Lorsqu'ils relèvent du régime de taxe professionnelle unique (sous réserve des sommes perçues au titre de la REI qui restent acquises aux communes), les nouveaux EPCI perçoivent, au lieu et

4. Il s'agit des délibérations relatives aux articles 1383, 1383 A, 1383 B, 1383 C, 1384 B, 1388 *ter*, 1395 A, 1395 B et 1647-00 *bis* du CGI.
5. Il s'agit des délibérations relatives aux articles 1382 B, 1395 C, 1396, 1411 et 1518 A du CGI.

place des EPCI préexistants et le cas échéant des communes membres, les compensations relatives aux exonérations de taxe professionnelle. La compensation est déterminée en retenant le taux moyen pondéré constaté dans les communes membres au titre de l'année de référence imposées sur le territoire de ces communes, éventuellement majoré du taux syndical. Le taux moyen pondéré tient compte des produits perçus au profit des EPCI préexistants faisant application de la taxe professionnelle unique ou de la taxe professionnelle de zone.

Lorsqu'ils relèvent du régime de taxe professionnelle de zone, les nouveaux EPCI perçoivent les compensations afférentes aux pertes de base hors de la zone d'activités économiques dans les conditions prévues pour les EPCI à fiscalité propre additionnelle et les compensations afférentes aux pertes de base dans la zone selon les dispositions prévues pour les EPCI à taxe professionnelle unique.

RÈGLES RELATIVES À L'ATTRIBUTION DE COMPENSATION

La loi aménage explicitement le calcul de l'attribution de compensation dans le cadre de fusion d'établissements publics de coopération intercommunale.

Elle précise que l'attribution est égale, pour chaque commune qui la percevait avant la fusion (commune appartenant déjà à un groupement à taxe professionnelle unique), au montant perçu avant cette fusion. Si la fusion s'accompagne de nouveaux transferts de compétences, ou, au contraire, de restitution de compétences, le montant de l'attribution de compensation est corrigé (majoré ou diminué selon le cas). Si les communes n'en percevaient pas dès lors qu'elles appartenaient à un groupement à fiscalité propre additionnelle et/ou à taxe professionnelle de zone, l'attribution de compensation est calculée dans les conditions normales (de transformation d'un établissement à fiscalité propre additionnelle en établissement à taxe professionnelle unique). Son montant est ajusté en fonction des nouveaux transferts ou des restitutions de compétences.

Si les communes étaient auparavant membres d'un syndicat d'agglomération nouvelle, l'attribution de compensation est égale à la dotation de coopération perçue l'année de la fusion. Lorsque la fusion s'accompagne de transferts ou de restitutions de compétences, elle est aussi ajustée.

Si les communes étaient membres d'un groupement sans fiscalité propre, elle est calculée dans les conditions normales (création *ex nihilo*).

Enfin, la loi indique que l'attribution de compensation versée chaque année aux communes membres incluses dans le périmètre de l'établissement public de coopération intercommunale en vue de déli-